퀘벡의 장소들

이 책은 퀘벡주정부의 지원을 받았습니다
La publication de ce livre est soutenue par le gouvernement du Québec

Lieux du Québec et leurs histoires
Montréal et Québec

퀘벡학연구모임

책 머리에

퀘벡에 관심 있는 연구자들이 모여 이런 저런 작업을 같이 한 지 10여 년의 세월이 흘렀다. 그동안 우리가 관심을 가졌던 화두는 "퀘벡은 우리에게 어떤 의미인가?"이다. 이 책도 이 질문에 대한 대답을 찾는 과정에서 나온 하나의 결과물이다. 이번에는 그 대답을 현실의 '장소들'에서 찾아보려고 했다. 물리적이고 추상적인 공간과는 다른, 퀘벡인들의 삶과 경험과 가치가 스며 있는 장소들을 통해서 퀘벡의 모습을 그려보고자 한 것이다.

기실 퀘벡이 한국과 특별한 관계가 있는 것은 아니다. 나아가서 퀘벡이 속한 캐나다와 한국의 현재 관계가 특별한 것이라고 할 수도 없다. 물론 캐나다는 한국전쟁에 참여해서 피를 흘린 우방이며, 특히 가평 전투에서 보인 캐나다 군인들의 희생과 공로는 절대 잊을 수 없는 사실이다. 그렇다고 해서 퀘벡이나 캐나다에 관한 관심이 미국, 일본, 중국, 러시아 등의 지정학적, 경제적 이해 관계가 특별한 국가들 또는 영국, 프랑스, 독일 등의 전통적 강대국들보다 현실적으로 우선하지는 않는다.

그렇다면 왜 우리는 퀘벡에 관심을 가질까? 아마도 가장 큰 이유는 퀘벡인들이 400년 동안 살아온 삶의 궤적 그리고 지금 그들이 만들어가고 있는 역사가 남다르기 때문일 것이다. 그들은 늘 주변이었다. 누벨프랑스 시대에는 본국이 아닌 식민지의 프랑스인이었고, 영국 식민지 시대에는 다른 언어와 문화를 가진 피정복 집단이었고, 캐나다 시대에는 여전히 다른 언어와 문화를 고수하는 비주류 소수 집단이었다. 퀘벡인들이 자신의 목소리를 내기 시작하고 주체적으로 사회를 변혁하기 시작한 것은 20세기 중반부터이다. 이때부터 그들은 중심이지만, 그 범위는 퀘벡주로 한정된다. 퀘벡에서는 그들이 중심이었지만, 캐나다 그리고 북아메리카 전체를 보면 여전히 소수 집단이고 주변일 뿐이다.

그들은 늘 주변이었지만 다수, 주류, 중심에 동화되지 않았다. 자신들의 정체성을 구성하는 프랑스어와 프랑스 문화를 고수해왔고, 앞으로도 그럴 것이다. 퀘벡의 의미는 바로 이 지점에서 발생하며, 퀘벡이 캐나다와 구분되는 것도 바로 이 지점부터이다. 늘 주변이었기에, 그리고 200년 이상 동화의 압력을 견디면서 고유한 언어와 문화를 지켜왔기에, 퀘벡은 중심 집단의 시각과는 다른 시각을 가질 수 있다. 21세기에 우리에게 필요한 것은 바로 이러한 시각이다. 주류, 지배, 다수, 중심의 시각이 아닌 비주류, 피지배, 소수, 주변의 삶에서 우러나는 시각이다.

21세기 지구촌 사회는 점점 더 획일화되어 가고 있고 다양성은 갈수록 줄어들고 있다. 하지만 다양성은 생존이다. 퀘벡의 시각은, 나아가서 그러한 퀘벡을 포함하고 있는 캐나다의 시각은 지구촌 사회의 다양성을 보장하는 중요한 시사일 수 있다.

그렇다고 이 책이 퀘벡의 전문가를 위해 쓰여진 것은 아니다. 이 책은 퀘벡으로의 여행이나 워킹 홀리데이를 계획하는 사람들, 세계의 다양한 역사와 문화에 관심 있는 사람들, 퀘벡에 대해서 좀 더 잘 알고 싶은 사람들이 상상 속에서 낯선 곳으로 여행을 즐기거나 실제 여행 중에 들쳐볼 수 있도록 구성되었다.

책의 출판을 위해 애써주신 모든 분들께 감사의 인사를 드린다.

차 례

책 머리에 ·· 4

1. 퀘벡 알아보기

지도와 숫자로 보는 퀘벡 ··· 12

퀘벡의 상징 ·· 18

퀘벡의 어제와 오늘, 정체성을 찾아가는 끝없는 여정 ·········· 24

프랑스어, 주알, 퀘벡어 ··· 31

공휴일과 기념일 ·· 35

우리 서로 다른 퀘벡인들, 이민과 다문화 사회 ················ 38

대지에 이미 그들이 있었다, 퀘벡의 원주민들 ················· 46

퀘벡의 고등교육 ·· 54

퀘벡의 미디어 ·· 63

퀘벡의 축제 캘린더 ··· 67

2. 몬트리올

숫자로 보는 몬트리올 ·· 78

몬트리올 구시가지 ··· 81

나루터에서 항구로 그리고 레저와 문화 공간으로,
　　몬트리올 옛 항구 ………………………………………… 82

　　몬트리올 시청과 퀘벡 만세! …………………………… 88

　　몬트리올 노트르담 성당 ………………………………… 94

　　퀘벡 커피의 어제와 오늘 ………………………………… 99

　　샹송 클럽 ………………………………………………… 104

공연예술거리와 중심가 ……………………………………… 109

　　공연예술거리의 캐나다 국립영화제작소 …………… 110

　　플라스 데자르 …………………………………………… 120

　　몬트리올 지하 도심 …………………………………… 122

　　생트카트린 거리, 맥주 그리고 술 문화 ……………… 126

　　몬트리올에서 만나는 레너드 코헨, 몬트리올 벽화 … 132

　　오슐라가 ………………………………………………… 138

　　몬트리올 미술관 ………………………………………… 141

플라토 몽루아얄과 라탱 지구 ……………………………… 145

　　노동자들의 거주지에서 보보들의 성지로, 플라토 몽루아얄 …… 146

　　몽루아얄 언덕과 인근 공원 …………………………… 153

　　생드니 극장과 퀘벡의 시네아스트 …………………… 157

　　퀘벡의 시네마테크와 영화의 역사 …………………… 165

7

몬트리올 시내의 다양한 지역들 ················· 171
  퀘벡 최고의 전통시장 장탈롱 시장 ············· 172
  프티 베트남과 소설가 킴 투이 ················ 176
  기적의 기억, 몽루아얄의 성 요셉 성당 ········· 180
  몬트리올 포럼 ····························· 184
  생앙리, 산업화의 그늘과 프랑스계 노동자의 애환 ··· 189
  빌라주 게, 어둠에서 자긍심으로 ··············· 192
  자크카르티에 다리와 퀘벡의 슬픈 역사 ·········· 195
  용도 변경 중인 몬트리올의 성당들 ············· 199

3. 퀘벡시

숫자로 보는 퀘벡시 ·························· 206
퀘벡 구시가지 ······························ 209
  프롱트낙성 ······························· 210
  퀘벡 노트르담 대성당 ······················· 214
  프티샹플랭 거리 ··························· 219
  테아트르 프티 샹플랭 ······················· 223
  루아얄 광장 ······························ 225
  퀘벡시의 벽화, 도시로 들어온 역사책 ·········· 229
퀘벡시와 인근의 지역과 장소들 ················ 233
  생로크 구역 ······························ 234
  퀘벡시 음악의 전당, 팔레 몽칼름 ············· 238

퀘벡 그랑 테아트르 ·· 240
성 안나드보프레 성당 ·· 243
웬다케 ·· 247

사진출처 ··· 251
저자 약력(가나다 순)··· 252
주한퀘벡대표부 ·· 256

퀘벡의 장소들

01 퀘벡 알아보기

지도와 숫자로 보는 퀘벡

퀘벡의 상징

퀘벡의 어제와 오늘,
정체성을 찾아가는 끝없는 여정

프랑스어, 주알, 퀘벡어

공휴일과 기념일

우리 서로 다른 퀘벡인들,
이민과 다문화 사회

대지에 이미 그들이 있었다,
퀘벡의 원주민들

퀘벡의 고등교육

퀘벡의 미디어

퀘벡의 축제 캘린더

지도와 숫자로 보는 퀘벡

지도로 보는 퀘벡

퀘벡Québec이라는 지명이 지시하는 공간은 사실 두 개다. 하나는 행정적으로 캐나다의 한 주 또는 지역으로서의 퀘벡이고, 다른 하나는 이 퀘벡주의 주도로서의 퀘벡시Ville de Québec다. 프랑스로 표기할 때는 정관사의 유무에 따라 구별이 가능하므로 큰 문제가 되지 않지만, 한국어로서는 두 개의 공간이 혼동을 일으킬 수도 있다. 이 책에서는 주 또는 지역으로서의 의미로 말할 때는 '퀘벡' 또는 '퀘벡주'를, 특별히 시로 범위를 한정해서 말할 때는 '퀘벡시'라고 표기한다.

북아메리카 대륙 동북쪽에 위치한 퀘벡은 행정적으로 캐나다 연방을 구성하는 하나의 주다. 캐나다는 10개 주province와 3개의 준주(準州 territory)로 이루어져 있다. 캐나다의 대표적인 주로는 퀘벡 외에도, 서쪽 태평양 연안의 브리티시컬럼비아, 캐나다 최대의 도시 토론토와 수도인 오타와가 위치한 온타리오, 위니펙이 주도인 중부의 매니토바 등이 있으며, 북부에 위치한 유콘, 노스웨스트, 누나부트는 준주로 분류된다. 퀘벡주의 전체 면적은 1,667,712km2며, 이 가운데 78%는 대지이고 22%는 수면이다. 우리나라 국토 면적의 약 16배에 달한다. 퀘벡주는 캐나다에

캐나다와 퀘벡주

서 가장 큰 주이며, 준주까지 합치면 누나부트 다음으로 넓은 영토를 갖고 있다.

퀘벡주는 대서양 연안 4개 주와 온타리오 사이에 위치하며, 남쪽 경계는 미국과, 북쪽 경계는 누나부트와 접하고 있다. 대서양과 오대호를 연결하는 길이 3,260km의 생로랑강이 퀘벡주를 가로지르는데, 주도인 퀘벡시와 주에서 가장 큰 도시인 몬트리올이 생로랑강을 끼고 있다. 15세기에 프랑스인이 생로랑강을 통해 북아메리카 내륙에 진출했기에 주요 도시를 비롯한 퀘벡주의 초기 발전은 이 강을 중심으로 이루어졌다.

퀘벡의 지명은 아메리카 원주민 언어인 알곤킨어에서 유래했다고 알려져 있다. 지금 퀘벡시가 위치한 곳을 아메리카 인디언이 '강폭이 좁아지는 곳'이라는 의미로 '퀘벡'이라고 불렀고, 이 발음을 알파벳으로 표기한 명칭들Qvebecq, Quebeck, Kébec이 현재의 퀘벡으로 정착되었다.

숫자로 보는 퀘벡주

8,604,495명

2022년 2월 퀘벡 통계청이 발간한 연보에 따르면 2021년 기준 퀘벡 인구는 약 860만 명이고, 인구 밀도는 1km²당 6.6명이다. 참고로 한국의 인구밀도는 516.2명이다. 캐나다 전체 인구가 3,700만 명 정도니까, 퀘벡 인구는 캐나다 인구의 23%다. 출생률 저하에 따라 인구가 줄고 있는 한국과 달리 퀘벡의 인구는 조금씩이지만 앞으로도 계속 늘어날 것으로 예측된다. (사실 최근 5년 간 캐나다의 인구증가율은 다른 G7 국가의 2배에 달한다.) 인구증가율 통계에 따르면 2030년대 퀘벡 인구는 900만 명을 넘을 것으로 전망된다. 2020년 합계출생률은 1.52로 2011년의 1.68보다는 조금 낮아졌다. 캐나다 전체의 합계출생률은 1.47로 퀘벡과 큰 차이를 보이지는 않는다.

85%

인구 증가는 출생과 이주에 의해 이루어지는데, 퀘벡이나 캐나다나 출생보다는 이주에 의한 증가가 더 많다. 코로나19가 유행하기 전인

2019년의 통계를 보면, 109,744명의 인구가 늘었는데, 이 가운데 (출생아 수에서 사망자 수를 뺀) 자연적 인구 증가는 15% 정도고 나머지 85%는 다른 주로부터 또는 다른 국가로부터 이주한 사람들이다. 간단히 말해 매년 늘어나는 인구 10명 당 8명은 다른 주 또는 다른 국가에서 온 이주민이라고 할 수 있다. 2021년 기준 해외 이주민 수는 50,253명인데, 이 가운데 아프리카, 아시아, 유럽 출신이 각각 10,000명 이상이다. 아프리카에서는 알제리 출신이 가장 많으며(16,163명 중 2,642명), 아시아에서는 중국(12,462명 중 3,077명), 유럽에서는 프랑스(11,834명 중 9,509명)가 출신국가 상위에 올라있다. 최근 들어 프랑스 출신 이주민이 많아졌는데, 그 이유는 일자리 찾기가 상대적으로 쉽지 않은 프랑스의 경제 상황 때문이라고 분석된다.

60%

인구 관련 통계 중 흥미로운 것은 퀘벡의 비혼출생률이다. 2001년 58.5%였던 퀘벡의 비혼출생률은 2006년 이후 60%대를 유지하고 있다. 같은 기간 30% 초반인 캐나다의 비혼출생률과 비교해보면 2배 가까운 수치다. 참고로 유럽 국가 중 아이슬란드의 비혼출생률이 70%, 프랑스는 60%, 독일은 34%다. 미국은 40% 정도다. 캐나다의 한 주인 퀘벡의 비혼출생률이 다른 주와 현격하게 다른 이유는 종합적인 분석이 필요하겠지만, 공식적으로 혼인을 신고하지 않고 동거하는 커플에 대한 지원이 영향을 미쳤다고 할 수 있다. 비혼출생률만 보면, 퀘벡은 캐나다의 한 주이지만 캐나다보다는 프랑스에 더 가깝다고 말할 수도 있겠다. 2016년 인구조사에 따르면, 퀘벡에서 사별, 이혼, 헤어짐, 비혼 등의 이유로 혼자 사는 사람의 비율은 29.4%고, 결혼한 배우자와 같이 사는 사람의 비율은 34.3%, 결혼하지 않고 동거하는 경우는 22%다.

78%

퀘벡주의 유일한 공용어는 프랑스어다. 퀘벡주민의 78%는 모국어가 프랑스어이고, 영어는 8.1%, 기타 언어는 13.8%이다.

대도시인 몬트리올만을 보았을 때는, 프랑스어가 48.2%, 영어는 17.4%, 기타 언어가 34.4%이다.

42,022$

퀘벡의 구매력 기준 1인당 GDP는 2020년 기준 42,022$이다. OECD 국가 중 바로 위에 42,285$의 일본이, 바로 아래에는 41,995$의 이탈리아가 있다. 한편 한국은 45,274$이고, 캐나다는 46,572$이다.

퀘벡의 GDP 중에서 제조업 비중은 최근 5년 간 13% 내외다.

15세 이상을 대상으로 한 실업률은 2021년 6.1%다. 온타리오 주의 실업률 8.0%와 비교하면 약간 우위에 있다.

캐나다의 시간당 최저임금은 주마다 차이가 많다. 서스캐처원(11.80C$)과 매니토바(11.95C$)가 낮은 편이고 준주들인 유콘, 노스웨스트, 누나부트가 15.20C$-16.00C$로 높은 편이다. 퀘벡의 시간당 최저임금은 2022년 5월 1일부터 14.25C$, 원화로 환산하면 14,000원 남짓이다.

온타리오는 15C$, 브리티시컬럼비아는 15.65C$이다.

70%

퀘벡의 주요 무역 상대국은 미국이다. 2021년 수출의 70%, 수입의 33%가 미국을 통해 이루어졌다. 그 외 수출국은 중국(4%), 일본(1.9%), 멕시코(1.9%)이며, 프랑스 수출 비중은 1.7%다. 주요 수출품은 알루미늄과 합금 그리고 항공기다. 수입국은 13% 비중의 중국이 2위이며, 독일, 멕시코, 프랑스가 각각 비중 10% 미만으로 그 뒤를 잇는다. 수입품 가운데는 각종 자동차, 항공기 부품, 원유, 의약품 등의 비중이 높다.

99%

수자원이 풍부한 퀘벡의 주요 에너지는 수력에서 나온다. 94%의 에너지가 수력 발전을 통해, 그리고 4-5%의 에너지가 풍력 발전을 통해 생산된다. 화석 연료가 생산하는 에너지는 전체의 0.3%에 불과하며, 바이오매스가 0.8% 정도를 차지한다. 퀘벡주 내의 원자력 발전소는 현재 폐쇄된 상태다. 온난화 속도를 줄이기 위해 화석 연료 사용을 줄이는 것이 지상명령이 된 현재의 지구촌 사회에서 퀘벡은 모범적 예를 보여준다.

퀘벡의 상징

주기(州旗)

퀘벡의 주기는 파란색 바탕에 중앙에 흰색 십자가가 있고 4면에 백합꽃이 위치한 모양이다. 주기는 프랑스어로 '백합꽃으로 장식된'이라는 뜻으로 '플뢰르들리제fleurdelisé'라고도 불리운다. 가로 세로는 3:2 비율이지만,

퀘벡 주기

캐나다 국기와 나란히 게양될 때에는 통일성을 기하기 위해 2:1 비율의 주기가 사용된다.

플뢰르들리제는 1948년 1월 21일, 당시 주정부 수상이었던 모리스 뒤플레시Maurice Duplessis의 선언으로 공식적으로 주기로 채택되었다.

주기는 퀘벡이 프랑스와 로마카톨릭의 문화적 전통에서 출발하고 있음을 암시한다. 백합꽃은 중세부터 프랑스 왕가를 상징하던 문장이다. 프랑수아 1세의 명을 받고 북아메리카 대륙을 탐험하던 자크 카르티에가 1530년대 가스페 만과 스타다코(란국)네에 꽂은 깃발이 백합 무늬였

다. 흰색 십자가는 유럽의 십자군 전쟁 때 등장했다. 14-15세기 프랑스와 영국 사이에 벌어진 백년전쟁에서는 프랑스가 흰색 십자가를, 영국은 붉은색 십자가를 사용했다. 16세기에는 프랑스 상선 해병이 푸른색 바탕에 흰색 십자가 무늬의 깃발을 내건 적이 있다. 파란색은 성모 마리아의 겉옷 그리고 프랑크 왕국의 수호성인 성 마르탱Saint Martin이 걸인에게 반을 잘라주었다고 전해지는 외투를 상징한다.

동식물

1999년에 공포된 퀘벡주의 국기와 상징에 관한 법률에 의하면, 퀘벡의 주목(州木)은 황자작나무bouleau jaune, Betula alleghaniensis, 주화(州花)는 붓꽃iris versicolore, Iris versicolor, 주조(州鳥)는 흰올빼미harfang des neiges, Nyctea scandiaca다.

황자작나무는 북아메리카 대륙 북동부에 자생하며, 아메리카 원주민들은 염증을 줄이는 차와 목재로 사용했다고 한다. 1993년부터 퀘벡의 주목으로 선정되었다.

프랑스어 이름과 학명에 '다양한 색'이라는 의미의 단어가 포함된 붓꽃iris versicolore은 1999년 기존의 흰붓꽃iris blanc을 대신해서 퀘벡의 꽃으로 채택되었다. 흰붓꽃이 외래종인데 반

붓꽃

흰올빼미

해, '다양한 색 붓꽃'은 북아메리카 토종 식물이다. 다양한 색이 퀘벡의 문화적 다양성을 상징한다고 알려져 있다. 참고로 미국의 테네시주의 공식 꽃도 붓꽃이다.

흰올빼미는 올빼미과에 속하는 새로, 북극권의 알래스카, 캐나다, 스칸디나비아반도, 시베리아 등지에서 서식한다. 이름이 의미하듯 깃털이 흰색이다. 원주민인 이누이트는 이 새를 욱픽ukpik이라고 불렀다고 한다.

Je me souviens

퀘벡의 공식 모토는 'Je me souviens'이다. 이 문구는 퀘벡 의사당 전면에 석조 부조로 새겨져 있고, 1978년 이후 퀘벡의 모든 자동차 번호판에 삽입되어 있다. 또한 퀘벡의 시타델에 주둔한 22연대의 모토이기도 하다.

퀘벡의 정체성을 의미하기도 하는 이 모토의 뜻은 '나는 기억한다'이다. 하지만 무엇을 기억하는지는 문장에 명시되어 있지 않다. 그러면 무엇을 기억하는가? 아니면 무엇을 기억해야 하는가?

퀘벡 모토의 출발은 1883년으로 거슬러 올라간다. 건축가 외젠

퀘벡 자동차 번호판과 Je me souviens

에티엔 타셰Eugène-Etienne Taché는 의사당을 건축하면서, 1868년 빅토리아 여왕으로부터 받은 퀘벡 문장(紋章) 아래 이 문구를 새겨 넣었다. 아마도 타셰는 아메리카 인디언의 땅에서 출발해서 누벨프랑스 시대를 거쳐 캐나다의 한 주로 진행된 퀘벡 역사의 모든 것을 기억하고자 했을 것이다.

하지만 시간이 흐르면서 문장의 해석과 사용은 조금씩 변한다. 퀘벡 민중들은 이 모토를 영국에 의해 피지배 집단으로 전락하게 된 역사와 사건을 기억하겠다는 의미로 받아들이게 된다. 대부분의 역사가들은 이 문장을 '우리는 우리의 옛 혈통, 전통, 과거의 모든 기억을 잊지 않으며 앞으로도 절대로 잊지 않을 것이다'로 해석하는 데 동의한다. 기억의 대상이 구체화되었고, '절대 잊지 않을 것'이라는 미래의 의지가 포함된 것이다.

조용한 혁명 이후 민족주의 감정이 고조되었던 1978년, 퀘벡의 모토는 퀘벡 자동차 번호판에 새겨졌던 관광용 슬로건 '아름다운 주La Belle Province'를 대체한다. 자신의 뿌리와 과거의 치욕을 잊지 않겠다는 의지는 퀘벡인들이 매일 마주하는 문장이 된 것이다.

주의회 의사당의 Je me souviens

퀘벡의 상징 21

단풍 시럽

김치나 비빔밥 하면 한국이 연상되듯, 퀘벡을 떠오르게 하는 먹거리가 있다. 단풍나무에서 채취한 수액을 부피가 40분의 1이 되도록 장작불에 졸여서 만드는 단풍 시럽이다. 색소나 인공 화합물 등이 들어가지 않은 천연 식품 단풍 시럽은 단맛이 필요한 모든 음식에 사용되며, 퀘벡과 캐나다를 비롯해 전 세계 60개국 이상에서 소비된다.

퀘벡에서 생산되는 단풍 시럽은 전 세계 생산량의 3/4, 캐나다 생산량의 94%를 차지한다. 배럴당 가격이 원유의 수십 배에 달하기 때문에 경제적 효과도 만만치 않다. 퀘벡의 7,400개 기업이 단풍 시럽을 생산하고 있으며, 2020년에는 5.15억 달러에 해당되는 단풍 시럽이 수출되었다. 미국이 63.3%로 가장 큰 비중을 차지하며, 독일이 9.6%, 영국과 일본이 4.9%로 그 뒤를 잇는다. 한국은 전체 수출량의 1%로 8위이다.

북아메리카의 원주민들은 유럽인이 도착하기 이전에 이미 단풍 시럽의 제조법을 알고 있었다. 단풍 시럽 제조에 관한 전설은 각 부족마다 다르다. 그 가운데 두 가지만 소개하면 이렇다. 미크맥족의 전설에 따르면, 한 노파가 어느 봄날 단풍 수액을 채취한 후 뜨겁게 먹으면 더 좋을 것 같아서 불에 올려 놓았다. 수액을 채취하느라 피곤한 노파는 잠이 들었고, 한참 후에 잠에서 깨어났을 때 맑고 단 맛의 시럽을 발견했다. 아베나키족의 전설처럼 철학적인 의미를 담고 있는 것도 있다. 장난을 잘 치는 산토끼의 신 마나부시의 할머니이며 대지의 여신인 노코미스가 최초로 단풍나무에 구멍을 뚫어 수액을 채취했다. 수액의 단맛을 본 마나부시는 사람들이 그 방법을 알면 머지 않아 게을러질 것이라 걱정했다. 사람들이 맛있는 시럽을 먹기 위해서는 나무에 구멍을 내고 며칠 밤을 지켜보는 노력을 기울이게 하기 위해, 마나부시는 물이 가득 든 그릇을 들고 단풍나무 위로 기어 올라가 나무 안에 물을 부었다. 그 때부터 사람들은 시럽을 얻기 위해 힘들게 일해야 했다.

퀘벡의 어제와 오늘,
정체성을 찾아가는 끝없는 여정

행정적으로 퀘벡은 캐나다에 속한 하나의 주(州)고, 퀘벡주민은 일차적으로 캐나다 국민이다. 하지만 퀘벡인이 자신을 캐나다 시민으로 규정하는 데 선뜻 동의할지는 의문이다. 캐나다 인구의 다수를 차지하는 영어 사용자 주민과 얽힌 그 동안의 역사가 이를 쉽게 받아들이지 못하게 하기 때문일 것이다. 한편으로는 영국 또는 영어권 주민과의 관계, 다른 한편으로는 퀘벡과 프랑스어의 관계에 따라 퀘벡의 역사는 요동쳐 왔다.

퀘벡의 역사가 크게 넷 또는 다섯 시기로 나뉠 수 있다는 점에 대해 대부분의 퀘벡 역사가들은 동의한다. 맥길 대학 에릭 베다르Eric Bédard 교수는 퀘벡 역사를 다섯 시기로 구분한 뒤 각 시기들을 차례에 따라, '누벨프랑스' 시기, '정복된, 그러나 여전히 살아있는' 시기, '생존' 시기, '조용한 수복(收復)' 시기로, 그리고 마지막 시기는 '주(州)인가 국가인가?'라고 이름을 붙였다(『L'Histoire du Québec pour Les Nuls』). 이 흥미로운 표현들은 퀘벡의 역사를 요약하는 동시에, 그 자체로 하나의 완결된 서사를 이룬다. 새로운 프랑스 땅에서 살던 상태가 최초의 상태라면, 정복되었다가 간신히 살아남는 것은 전개와 위기에 해당되며, 잃었던 것을 회복한 것은 절정이고, 새로운 가능성을 제시하는 것은 대단원인 동시에 그 서사가 여전히 계속되고 있음을 의미한다. 그런데 누구에 의한 정복이고, 누구 때문에 간신히 연명하였는가? 그리고 그들이 되찾은 것은 무엇인가? 이 표현들에 명시되지 않은 항(項), 퀘벡 역사의 굴곡을 만들고 시대적 구분을 가능하게 하는 이 주요 항들은 영국계 주민 또는 영어권 사용자 그리고 프랑스 언어와 문화로 구성되는 퀘벡인의 정체성일 것이다.

누벨프랑스 시기(1534-1763)

'새로운 프랑스'라는 표현이 의미하듯 초기 200년은 프랑스 식민지 시대다. 16세기는 유럽의 강대국들이 북아메리카를 본격적으로 그리고 경쟁적으로 탐험하던 시기다. 프랑스도 이 경쟁에 뛰어든다. 국왕 프랑수아 1세와 리옹의 은행가들의 후원을 받은 이탈리아인 항해사 지오바니 다 베라자노Giovanni da Verrazzano는 중국으로 가는 항로를 찾기 위해 북아메리카 대륙 연안을 탐사한다. 맨해튼의 발견자로도 알려진 그의 최초의 목적, 즉 중국으로의 항로 발견은 실패했지만, 그의 탐험은 프랑스가 북아메리카 대륙에 발을 디디게 된 계기가 된다.

1534년 프랑수아 1세의 명령으로 황금을 찾아 나선 자크 카르티에Jacques Cartier는 지금의 퀘벡에 속하는, 생로랑강 하구의 가스페반도에 '프랑스 국왕 만세'라는 높이 9m의 깃발을 세움으로써, 그 일대의 땅이 프랑스 소유라는 점을 상징적으로 공포한다. 당시 북아메리카 동북부 지역에는 이로쿼이족, 알곤킨족, 이누이트족이 조상 대대로 살고 있었다.

자크 카르티에 이후 지금의 퀘벡시 자리는 모피 교역의 주요 거래 지점이 된다. 그러나 퀘벡이 미래가 있는 진정한 식민지가 되려면 식민자들이 필요했다. 당시 퀘벡의 모피 교역소에는 17명이 남자들만이 살고 있을 뿐이었다. 식민지 계획은 앙리 4세의 후원을 받은 사뮈엘 드 샹플랭Samuel de Champlain에 의해 실천된다. 그는 1608년 퀘벡시에 프랑스인 정착촌을 건설했으며, 이후 프랑스인들의 이주와 정착이 시작되었다. 지금의 퀘벡시 자리는 강이 훤히 내려다 보이는 전략적 가치 그리고 원활한 모피 수집이 가능한 교역 중심지로서의 가치가 돋보이는 훌륭한 장소였다.

이후 프랑스 식민지로서 누벨프랑스는 조금씩이나마 발전한다. 모피 교역 주도권을 둘러싸고 이로쿼이족과의 갈등이 있었지만 잠잠해졌고, 내륙으로의 확장이 지속된다. 18세기에는 영국계와의 긴장이 고조된다. 스페인 왕위 계승을 둘러싸고 벌어진 영국과 프랑스 간의 전쟁, 그리고 그 결과인 위트레흐트 조약(1713)에 따라 대부분의 북아메리카 프랑스 영토가 영국에게 양도되었지만, 누벨프랑스 지역은 여전히 프랑스 땅으로 남아 있었다

영국 식민지 시기(1763-1867)

1750년대부터 1763년까지는 영국의 조지 2세, 그리고 그 뒤를 이은 조지 3세와 프랑스의 루이 15세가 세계 곳곳에서 식민지 패권 전쟁을 벌이던 시기였다. 북아메리카도 예외가 아니어서 1754년 영국과 프랑스는 무력충돌에 돌입하고, 1759년 영국이 아브라함 전투에서 승리함으로써

퀘벡시가 함락된다. 이어서 몬트리올을 비롯한 서부 지역도 군사적 우위에 선 영국이 실질적으로 지배하게 된다. 1763년 2월 10일 파리 조약이 체결되고, 프랑스는 생피에르섬과 미클롱섬을 제외한 북아메리카의 모든 영토를 영국에게 양도한다. 북아메리카의 프랑스 시대, 누벨프랑스의 시대가 막을 내리고, 퀘벡의 프랑스인들에게는, 정복되었지만 그래도 여전히 살아 있는 시기가 시작된 것이다.

프랑스인들은 피정복민이 되어 적대적인 영국인의 지배를 받게 된다. 그들은 언어, 법, 종교, 관습 등 생활의 모든 영역에서 이질적 문화가 지배하는 사회에서 살게 된 것이다. 영국은 프랑스계 주민에게 어느 정도의 자치권을 부여하고 그들의 전통을 고수하도록 했다. 물론 이는 다양성의 포용이나 인권의 측면이 아니라, 효율적인 통치를 위한 전략적, 현실적 고려 때문이었다. 비록 그들이 프랑스어를 사용하고, 프랑스 법에 따라 그리고 가톨릭교도로서 일상을 영위할 수는 있었지만, 그들의 언어와 법 그리고 종교는 사회 소수자의 그것이었고, 그들은 더 이상 프랑스인이 아니라 공식적으로 영국 식민지 캐나다에 사는 프랑스계 거주민이었다. 1960년대까지 이어져 온 로마 가톨릭에 대한 절대적 의존, 현재도 퀘벡에서 진행되고 있는 프랑스어 사용에 대한, 조금은 과도하다고 할 수 있는 애착은 바로 이때부터 시작되었다고 할 수 있다.

1783년 독립전쟁에서 승리하면서 미국이 영국으로부터 독립하자, 영국을 위해 싸웠던 북아메리카의 왕당파 영국인들은 당시에도 여전히 식민지였던 캐나다로 대거 이주한다. 영국은 북아메리카 식민지의 조직과 기능을 재편성한다. 1791년의 헌법령Acte constitutionnel은 온타리오를 중심으로 영국인이 많이 거주하는 지역을 상류지역캐나다Haut-Canada로,

그리고 프랑스계 주민이 주로 거주하던 현재의 퀘벡주 북동쪽을 하류지역캐나다Bas-Canada로 분리한다. 각각의 식민지는 선거에 의한 하원을 설립해서 어느 정도의 독립성을 유지할 수 있었다.

그러나 이러한 입법권은 실제 권력을 갖고 있던 총독과 소수의 영국계 주민들에 의해 제대로 기능하지 못했고, 이에 따른 프랑스 주민들의 불만은 1837년 애국자당Parti des Patriotes 무장봉기로 분출된다. 봉기를 진압한 영국은 1841년 두 식민지를 다시 통합하는 통합령Acte d'Union을 선포한다.

1867년 7월 1일에는 영국 의회의 결정에 따라 북아메리카의 영국 식민지들이 영국 정부의 허가 아래 헌법을 수정할 수 있는 캐나다 자치령이 만들어진다. 각 주가 상당한 부분까지 자치권을 갖는, 연방제 성격의 캐나다는 실질적인 국가로 기능하게 되며, 퀘벡은 캐나다의 한 주로 다시 태어난다.

캐나다 연방 시기(1867-1959)

19세기 후반과 20세기 전반은 산업 발달, 양차 세계대전, 30년대 경제공황 등 국제적으로 많은 사건이 일어난 시기이며, 세계의 질서가 재편되기 시작한 시대이기도 하다. 프랑스계 캐나다인의 삶을 살게 된 퀘벡의 주민들은 퀘벡주에서는 다수였지만, 캐나다 전체 인구로 따지면 1/7에 불과한 소수였다. 이들은 사회적 불평등을 감내할 수밖에 없는 2등 시민이었다. 1등 시민은 당연히 영국계 시민들이었다.

캐나다 연방 시대는 프랑스계 캐나다인들이 자신들의 정치적, 경제적

취약성을 절감한 시대였다. 급속하게 이루어지는 산업화, 팽창해가는 영국의 제국주의, 영국계 캐나다인들과 결탁한 미국계 자본의 유입, 영국을 위해 억지로 참전해야 했던 1차 세계대전, 경제 공황 등은 일차산업에 종사하며 교육의 기회를 많이 갖지 못한 사회적 약자인 프랑스계 캐나다인들이 겪는 불평등을 가속화시켰다. 그들에게는 생존이 가장 중요한 목표였던 시기다.

모리스 뒤플레시가 수상으로 퀘벡주를 통치했던 1936년부터 (2차 세계대전 기간을 제외한) 1959년까지 프랑스계 캐나다인들은 경제 공황의 그늘에서 어느 정도 벗어날 수 있었지만, 그들의 사회적 위치는 크게 변화가 없었다. 가톨릭 교회와 주정부가 유착되고, 영어권 우대정책을 펼친 이 강력한 보수주의 정부 시절은 '대암흑기Grande Noirceur'라고 불린다.

조용한 혁명 이후 현재까지(1959-현재)

가장 어두운 시기에 희망의 싹이 움트기 마련이다. 1959년 뒤플레시 수상이 서거하자 퀘벡에 근본적인 변화와 개혁의 시간이 도래한다. 자유당의 장 르사주Jean Lesage 정권과 함께 시작된 이른바 '조용한 혁명'의 시기이다. 1960년대에는 현대적 시민사회를 향한 개혁이 사회의 모든 분야에서 시도되었다. 복지국가 원칙 채택, 가톨릭 교회의 영향력 축소, 무상교육과 사회보장제도 도입, 이드로퀘벡Hydro Québec 설립으로 인한 수력전기회사 국유화, 남녀공학제도 도입 등이 이루어졌고, 이혼율 증가, 출생률 저하, 성의 자유화 등의 현상이 시작된 것이다.

경제적 번영과 함께 퀘벡의 위상도 올라간다. 몬트리올은 1967년 엑스포와 1976년 올림픽을 개최하면서 국제적인 도시로 발돋움한다.

아울러 프랑스계 캐나다인이 아니라 퀘벡인으로 살고자 하는 바람은 고유의 정체성과 문화를 찾으려는 구체적인 노력으로 이어지고, 나아가서는 퀘벡의 분리독립을 향한 기대로 발전한다. 1967년 퀘벡을 방문한 프랑스의 드골 대통령은 몬트리올 시청 발코니에서 퀘벡 군중을 향해 '자유 퀘벡 만세'를 외치면서 이러한 기대를 자극하기도 했고, 1970년대에는 **퀘벡해방전선**FLQ : Front de Libération du Québec에 의한 테러가 일어나기도 했다. 1980년과 1995년 퀘벡에서는 독립에 대한 국민투표가 실시되었다. 두 번 다 근소한 차이로 부결되었지만, 캐나다와의 분리는 돌이킬 수 없는 퀘벡인의 정서로 자리잡게 된다.

언어의 문제도 크게 다르지 않았다. 퀘벡의 분리독립 움직임에 당황한 캐나다 연방정부는 1969년 영어와 프랑스어를 캐나다 공식 언어로 공포한다. 하지만 퀘벡당의 르네 레베크René Levesque 정부는 1977년 8월 26일 '프랑스어 헌장'이라고 불리는 101호 법을 통해 프랑스어가 퀘벡의 유일한 공용어임을 선언한다. 퀘벡에서의 프랑스어 사용과 관련한 강력한 규정인 101호 법은 위헌 논란을 일으키기도 하고 현실에 따라 수차례 개정되었고, 현재도 지속적으로 개정되고 있지만, 프랑스어가 퀘벡 정체성의 근간임을 천명한 원칙은 변하지 않고 있다.

프랑스어, 주알, 퀘벡어

캐나다는 영어와 프랑스어, 두 가지 언어를 공용어로 채택하고 있지만, 퀘벡의 유일한 공용어는 프랑스어다. 1977년 퀘벡의 르네 레베크 정부에서 공포한, 프랑스어 헌장이라고 불리는 101호 법 1절 1장에 선언된 내용이다. 퀘벡의 프랑스어는 프랑스에서 사용되는 프랑스어와 조금 다른 측면이 있다. 지난 400년 동안의 환경과 역사가 다르기에, 하나의 문화적 현상으로서 언어가 조금 다르게 사용되는 것은 당연한 결과라고 할 수 있다. 퀘벡에서 사용되는 프랑스어를 흔히 주알joual이라고 말하기도 하나, 이에 관해서는 좀 더 세밀한 접근이 필요하다.

사회계층어 주알

주알의 정의는 후술하게 될 퀘벡어의 정의와 혼동되어 사용되는 경우가 많았는데, 사실 주알은 좁은 개념으로 정의를 내릴 필요가 있다. 주알은 1900년대 초반에서 1960년대 후반에 이르기까지 사용되었던 몬트리올의 프랑스계 캐나다인 노동자들의 구어이자 사회계층언어이다. 몬트리올의 산업 전반과 각계 기관에서 커다란 권력과 재력을 가지고 있던 영어권 캐나다인 밑에서 저임금 노동자로 일했던 그들은 직장이든 상점이든 영어만 사용하게 강요 받고 있었다. 심지어 몬트리올 시내의 광고판이나 간판은 모두 영어로 표기되었으며, 백화점에서 프랑스어를 사용한다는 이유로 물건을 사지 못한 채 쫓겨나는 경우도 있었다. 노동직 근로자였던 이들은 영어를 제대로 배울 기회가 없었기에 서툰 영어를 구사할 수 밖에 없었고, 그 서툰 영어는 일상 생활에서도 녹아 들어 영어와 퀘벡식 프랑스어가 뒤섞인 지역 사회계층어인 '주알'이 등장하게 되었다.

주알이라는 명칭은 1958년 앙드레 로랑도André Laurendeau가 일간지 르 드부아르Le Devoir지에 쓴 기사에 퀘벡에서 사용되는 프랑스어로서 영어에 심하게 오염된 구어를 부르는 말로 처음 사용되었다. 그는 퀘벡 사람들이 '슈발cheval(말)'이라는 프랑스식 발음 대신에 '주알joual' 혹은 '슈알choual'이라고 발음한다고 주장하면서, 그 원인을 퀘벡인들이 교육을 받을 기회가 적거나, 대대손손 이상한 발음을 해오느라 굳어버렸거나, 혹은 개개인의 취향에 따라 그렇게 발음이 변형되었다고 설명했다. 또 이 주알이라는 명칭은 장폴 데비엥Jean-Paul Desbiens 수사가 쓴 에세이집 『어떤 수사의 오만Les Insolences du frère Untel』(1960)에서도 또 다시 언급되면서 점점 이목을 끌게 되는데, 이 에세이집에서 작가는 주알을 몬트리올 지역에서 찾아볼 수 있는 프랑스어 구어의 하나로서 아주 부정적으로 설명했다. 주알은 조용한 혁명기에 프랑스계 캐나다인 노동자들이 능숙하게 사용할 수 없던 영어를 어쩔 수 없이 혼용할 수 밖에 없었던 당시 사회적 상황과 더불어, 프랑스어와 비교하여 자신들이 사용하는 언어에 대해 느끼던 콤플렉스를 적나라하게 보여주는 결과물로서 인식되었던 것이다. 이러한 맥락에서 주알은 퀘벡의 경제, 문화, 사회적 자주 노선을 원하던 파르티 프리Parti pris의 운동가들 사이에서 정치적으로 사용되기도 하였다. 이 시기에 주알을 작품에 실험적으로 사용한 작가로는 앙드레 마조르André Major, 제라르 고뎅Gérald Godin, 폴 샹베르랑Paul Chamberland과 로랑 지루아르Laurent Girouard 그리고 미셸 트랑블레Michel Tremblay를 예로 들 수 있다. 앞서 언급한 것과 같이 주알은 구어로만 존재했기 때문에, 문학작품에 이 주알을 재현한다는 것은 아주 어려운 일 일 수 밖에 없었다. 그러나 미셸 트랑블레와 같은 경우에는 구어를 제대로 살릴 수 있는 희곡에 주알을 최초로 삽입하는데 성공했고, 그가 쓴 희곡 「의자매들Les Belles-sœurs」(1968)은 연극으로도 올려져서 대중의 큰 사랑을 받게 되었다. 조용한 혁명기를 지나면서 제정된 프랑스어 헌장 101호 법의 시행으로 퀘벡인들은 이제 영어를 사용하는 캐나다인의 언어적 영향력에서 벗어나게 되었으며, 퀘벡인들 자신의 언어 또한 이를 계기로 다시 정비되기 시작했다. 그리고 시간이 지나면서 그들의 언어를 주알이라고 부르기 보다는 퀘벡어 혹은 퀘벡식 프랑스어라고 부르는 것이 적절하게 되었으며, 지금의 퀘벡인들은 프랑스어와 다른 자신들의 억양과 어휘들에 대해 예전처럼 콤플렉스를 느끼지 않게 되었다고 감히 말해 볼 수 있겠다.

퀘벡어 혹은 퀘벡식 프랑스어의 예

퀘벡어와 프랑스어의 다른 점은 먼저 단어 사용에 있다. 예를 들어 퀘벡어에서 점심을 뜻하는 '디네dîner'는 프랑스어에서 '저녁'을 뜻한다. 같은 단어를 사용하지만 뜻이 바뀌기 때문에 프랑스에서 갓 이주해온 사람들은 약속에 혼란이 올 경우가 많다. 편의점을 뜻하는 '데파뇌르dépanneur'는 '곤란한 일을 해결해준다dépanner'에서 나온 말이지만 프랑스어에서는 수리공을 말한다. 프랑스에서 전화통화 할 때나 들어보는 '알로Allô라는' 말은 퀘벡에서는 '안녕'이라는 말로 쓰인다. 프랑스에서는 세탁기와 건조기를 각각 machine à laver, machine à sécher로 쓰지만, 퀘벡에서는 laveuse, sécheuse로 쓴다. 이 밖에도 영어를 사용하는 경우가 있는데, 예를 들어 '확인하다'라는 뜻의 영어 check를 프랑스식으로 –er을 붙여 checker로, '이해하다'라는 뜻의 catch를 catcher로 바꾸어 사용하는 경우 등이다. 또 프랑스어 표현에서 발음이 변형된 경우도 있다, 예를 들어서 프랑스어에서 '전혀'라는 의미의 pas du tout는 pantoute로 축약되며, '너', '나'를 뜻하는 toi, moi는 toé, moé로 끝 모음이 바뀌는 것을 볼 수 있다. 마지막으로 퀘벡에서 사용되는 욕들은 대부분 가톨릭 교회와 연관된 말들이 많다. 여기서 그 예를 일일이 제시하지는 않겠지만, 만약 길고 걸쭉한 퀘벡욕을 한국어로 번역하자면 세례식, 성배, 감실, 성유, 고해소, 성합 등등의 단어들이 줄줄이 나열된 결과를 얻을 수 있다.

공휴일과 기념일

퀘벡의 의미 있는 날들

다음은 퀘벡의 공휴일과 의미를 새겨볼 만한 날들이다.

- 신년 첫날과 다음날.
- 성 금요일 : 부활절 전 주 금요일, 각 업장마다 휴일 여부를 선택할 수 있다.
- 부활절 월요일 : 부활절은 매년 춘분 후 첫 보름달이 뜨고 난 다음에 오는 주일이므로 매년 바뀐다.
- 5월 25일 전의 월요일 : 5월 25일은 애국자당의 날이다. 1837년에서 1838년에 영국계 식민자들에게 맞서서 퀘벡의 독립과, 민주정부 수립, 정치적 자유를 주장하던 애국자당 사람들의 투쟁과 희생을 기리는 날이다. 아이러니컬하게도 캐나다 다른 주에서는 이 날이 영국 여왕 탄신일을 축하하는 공휴일이다.
- 6월 24일 : 이전에는 생장바티스트Saint-Jean-Baptiste 혹은 세례 요한의 탄생을 기리는 휴일이었지만, 1977년 5월 11일, 르네 레베크가 이끄는 정부에 의해 퀘벡 기념일이라는 이름의 공휴일이 되었다.
- 7월 1일 : 캐나다의 날이자 이사의 날. 퀘벡주 몬트리올의 많은 수의

주민들의 임대계약이 전날 만료가 되기 때문에, 이날 약속이라도 한 듯이 이사를 한다. 임대계약 만료일은 애초에 주로 5월 1일이었지만 점차적으로 미뤄져서 7월 1일이 되었다고 한다. 이 시기의 몬트리올 거리는 넘쳐나는 쓰레기와 버린 가구들로 가득 차며, 안타깝게도 반려 동물이 가장 많이 버려지는 날이기도 하다.

- 9월의 첫째 주 월요일 : 번역하자면 이날이 노동절Fête du Travail인데, 사실 한국의 근로자의 날에 가까운 개념이다. 5월 1일의 노동절은 법정 공휴일은 아니다.
- 10월 둘째 주 월요일 : 추수감사절Action de grâce이다. 미국의 추수감사절 날짜 계산법과 다르다.
- 11월 11일 : 영연방 국가와 유럽국가에서 세계1차대전의 참전용사들과 또 다른 전쟁에 참여했던 군인들을 추모하는 현충일Jour du Souvenir이자 1차대전 종전일을 기념하는 날이며, 가슴에 빨간 핏빛의 작은 양귀비꽃을 단다. 캐나다연방에 속한 공무원들과 우체국, 은행 근로자에게는 공휴일이지만, 그 외에는 휴일 여부가 회사마다 다르다.
- 크리스마스 이브, 당일, 다음 날
- 신년 전날 : 퀘벡인들은 이날 가족과 모여 전통 음악을 들으며 신년 맞이를 한다. 1968년부터 국영방송국 라디오 캐나다는 <바이 바이 Bye Bye>라는 장수 프로그램을 방영해 왔으며, 한 해에 있었던 일들을 유머러스하게 풍자한 코미디언들의 촌극Scketch들을 보여준다.

퀘벡에서는 가톨릭 신앙과 관련된 휴일, 예를 들어 크리스마스 연휴와 같은 경우에 '즐거운 크리스마스 되세요Joyeux Noël'라는 말보다는 '즐거운 명절 되세요Joyeuses fêtes'라는 말로 대체해 사용한다. 이것은 물론 다문화 사회의 시대에 다른 종교를 가진 사람들을 존중하기 위함이기도 하지만, 조용한 혁명 이후로 꾸준히 탈종교화laïcité를 추구해 왔기 때문이기도 하다. 또한 퀘벡에서는 누군가의 생일 축하를 할 때에 '좋은 기념일 혹은 생일 되세요Bon anniversaire'라는 표현 보다는 '좋은 명절 혹은 파티 되세요 Bonne fête'라는 표현을 사용한다. 그리고 좋은 기념일은 결혼 n차 기념일과 같은 경우에만 사용한다고 한다.

　명절은 아니지만 한국의 어버이의 날 대신에 5월 둘째 주 일요일에 있는 어머니의 날과 6월 셋째 주 일요일에 있는 아버지의 날이 있다.

우리 서로 다른 퀘벡인들,
이민과 다문화 사회

초기의 이민자들

다른 캐나다 지역과 마찬가지로 퀘벡 역시 유럽의 이주자들이 건너와 정착해 살게 되면서 서구식 근대사회의 틀을 갖추게 되었다. 퀘벡은 16세기 이래 프랑스인들이 주로 정착했다는 점에서 영국계가 중심이 된 다른 캐나다 지역과 다른 특색을 보인다.

프랑스가 영국과의 식민 전쟁에서 패하고 1763년 파리 조약을 통해 영국 식민지로 통합되면서 누벨프랑스는 다수의 프랑스계가 영국계에 의해 지배되는 상황에 놓이게 되었다. 이후 19세기까지는 프랑스보다는 영국으로부터 더 많은 이민자들이 현재의 퀘벡 지역으로 건너온다. 그리고 1867년 '영국 북미 조약Acte de l'Amérique du Nord britannique'에 의해 캐나다 연방이 구성되면서 퀘벡은 영국 식민지가 아닌 캐나다 연방을 구성하는 하나의 주로 편입되고, 연방정부 주도 하에 영국계를 중심으로 유럽으로부터 이민이 확대된다. 하지만 캐나다 연방이 설립된 이후에도 프랑스계와 영국계 사이의 갈등 관계는 완전히 사라지지 않았으며, 20세기 중반까지 프랑스계 캐나다인들은 퀘벡 땅 안에서 다수를 차지함에도 불구하고 영국계 캐나다인들로부터 차별을 받았다.

1960년대 이후 소위 조용한 혁명기를 거치면서 "우리 집의 주인Maîtres chez nous"이라는 구호 하에 프랑스계 캐나다인들이 퀘벡 안에서 사회의 주도권을 회복하면서 이러한 세력 관계는 역전된다.

퀘벡 사회는 다수의 프랑스계 이민자들과 이후 퀘벡 땅에 발을 디딘 영국계 이민자들을 중심으로 건설되었다. 따라서 소수의 원주민들을 제외하고 퀘벡의 현재 성원들은 이민1세대가 아니라면 수 세대에 걸친 이민자들의 후손들로 이루어져 있다. 그리고 프랑스계 이민자들과 영국계 이민자들 사이의 갈등과 대립의 흔적은 프랑스어권 퀘벡인들과 영어권 캐나다인들 간의 긴장으로 현재까지도 이어지고 있다.

이민의 증대와 출신지의 다양화

17, 18세기를 거쳐 20세기에 이르기까지 퀘벡에는 프랑스와 영국으로부터 이민자들이 꾸준히 유입되었다. 그러나 19세기와 20세기를 거치며 기존의 프랑스계와 영국계 외의 이민자들이 크게 늘어난다. 19세기에는 아일랜드계 이민자들이 퀘벡에도 대거 들어와 정착하게 되었으며, 19세기 말에서 세계 대전 발발 전까지는 산업화와 농지 확장 그리고 캐나다 서부 개척에 따른 필요에 의해 캐나다가 많은 수의 이민을 유럽으로부터 받아들였고, 퀘벡으로의 이민도 캐나다 다른 지역으로의 이민과 큰 차이를 보이지 않았다. 양차 대전과 경제공황기를 거치며 주춤하던 이민은 전후 다시 크게 증가했다. 특히 유럽에 있던 유대인들과 그리스, 이탈리아, 포르투갈 등을 중심으로 한 남유럽 출신 이민자들의 수가 큰 폭

몬트리올의 중국인 거리

으로 늘어났다.

　1967년 캐나다의 이민 선발 정책이 바뀐다. 출신국을 우선적으로 고려하던 기존의 방식이 폐기되고, 개인의 교육 수준, 직업 경력, 언어 사용 능력 등의 항목별 점수를 합산하는 방식이 도입된 것이다. 이제 이민자들의 출신국은 더 이상 유럽 및 영연방 국가들로 국한되지 않게 되고, 중남미와 아시아, 아프리카 등지로 더욱 다양해진다. 또한 1960년대 말부터는 연방정부가 일방적으로 관리하던 이민자 선발 정책에 퀘벡 정부가 직접 관여하게 된다. 사실 1867년 연방 설립 당시 이미 이민은 연방정부와 주정부들이 공동으로 관여할 수 있는 영역으로 규정되었지만, 그 어떤 주정부도 당시까지 이민 정책에 개입하지 않았다. 1968년 퀘벡이 주정부로는 최초로 이민부를 창설했고, 이후 1991년에 이르기까지 퀘벡 정부는 연방 정부와의 협약을 통해 이민자 선발 과정에 직접 개입할 수 있는 법적 근거를 마련한다. 특히 경제적 이민의 경우 퀘벡 정부가 독자적으로 기준을 마련하고 선발할 수 있는 권한을 갖게 된다. 퀘벡 정부는 연방 정부와 마찬가지로 경제적 필요를 이민자 선발의 주요한 기준으로 삼으면서도 퀘벡의 특수성과 정체성을 정책 수립에 반영하기 위해 노력하는데, 특히 프랑스어 사용 여부가 핵심적 요소로 고려된다. 경제적 이민과 달리 난민 지위의 인정과 가족 초청 이민의 수용은 연방정부의 기준에 따라 결정된다. 그러나 퀘벡에서 수용하게 될 이민자의 규모와, 특히 난민 중 누구를 퀘벡에서 받아들일지에 대해서는 퀘벡 정부가 관여한다. 이 중 난민 수용은 국제적 상황에 따라 주요 출신국이 달라지게 되는데, 특히 퀘벡은 1970-80년대 베트남으로부터, 그리고 2000년대 이후 아이티로부터 많은 수의 난민을 받아들인다.

퀘벡의 통합 모델: 상호문화주의

이민자들의 수가 늘어나고 출신지가 다양해진 만큼, 이민자들이 새로운 사회에 어떻게 정착하고 사회 구성원으로서 자리잡아 다른 이들과 더불어 살아갈 수 있을 것인가는 정치적으로도 중요한 문제일 수밖에 없다. 이러한 관점에서 캐나다는 이미 1971년에 세계 최초로 이민자들을 겨냥한 통합 정책 모델로 다문화주의를 채택한 바 있다. 하지만 퀘벡 정부는 연방 정부의 다문화주의를 거부하고, 상호문화주의를 퀘벡의 고유한 통합 정책 모델로 삼고 있다. 상호문화주의라는 명칭으로 퀘벡의 통합모델을 정부에서 공식화한 것은 2015년이 되어서지만, 1970년대부터 퀘벡은 다문화주의와는 구분되는 나름의 통합모델을 꾸준히 추구해

왔으며, 상호문화주의는 그 연장선상에 놓여 있다.

퀘벡의 상호문화주의는 차이와 다양성에 대한 존중과 차별금지를 넘어서 퀘벡 사회와 이민자들 사이의 활발한 교류와 대화 그리고 참여를 강조한다. 다문화주의와 가장 두드러지는 차이는 프랑스어를 중심으로 하는 퀘벡의 고유한 문화정체성과 민주적, 시민적 가치에 대한 존중과 인정을 동시에 강조한다는 점이다. 이러한 접근은 영어권 캐나다, 넓게는 북미 내에서 유일하게 프랑스어만을 공용어로 사용하는 문화적 소수자로서 퀘벡의 위치에 대한 고려에서 비롯된 것으로 볼 수 있다. 사실 1960년대부터 퀘벡의 주권과 영어권 캐나다와 구분되는 고유한 문화 정체성의 보호 및 고양이 늘 주요한 정치적 쟁점이었던 퀘벡에서, 이민과 이민자들의 통합 문제 또한 같은 관점에서 사회적 정치적 논쟁의 중심에 있었다. 한편에서는 이민과 다양성에 대한 개방의 필요, 다른 한편에서는 고유한 문화 정체성의 보존이라는 요구 사이에서 퀘벡 사회는 늘 갈등해 왔다. 2000년대 이후로는 '문화적 차이에 따른 정당한 편의제공 의무', 퀘벡 사회의 고유한 가치, 비종교성의 문제 등을 둘러싸고 많은 논란이 전개되어 왔다.

이민 현황

2016년 인구총조사 자료에 따르면 퀘벡 인구의 13.7%가 이민자로 캐나다 전체 이민자 비중(21.9%)에 비해서는 낮은 수치이나, 전세계적으로 보았을 때는 영국이나 프랑스와 비슷한 수준이다. 이민자들의 주요 출신국의 경우에도 퀘벡은 캐나다 여타 지역과 차이를 보인다. 캐나다 전체에서는 아시아계(인도 8.9%, 중국 8.6%, 필리핀 7.8%)와 영미권(영국 6.6%, 미국 3.4%) 출신 이민자 비중이 가장 높지만, 퀘벡에서는 프랑스어를 사용하는 4개국 출신 이민자가 가장 많다(프랑스 7.4%, 아이티 7.4%, 모로코 5.6%, 알제리 5.4%).

이민자들의 거주 분포

퀘벡 전체에서 이민자들이 가장 많이 거주하는 지역은 물론 몬트리올시와 인근 지역을 포함하는 몬트리올 권역이다. 전체 인구의 50%를 차지하는 이 지역에 퀘벡 전체 이민자의 86%가 밀집되어 있으며, 몬트리올 권역 인구의 23%가 이민자다.

몬트리올시 19개 구 중에 이민자 비중이 높은 곳은 차례대로 다음과 같은 구들이다.

- 코트데네쥬 노트르담드그라스 Côte-des-Neiges–Notre-Dame-de-Grâce
- 빌르레 생미셸 파르크엑스탕시옹 Villeray–Saint-Michel–Parc-Extension
- 생로랑 Saint-Laurent
- 아윈시크카르티에빌 Ahuntsic-Cartierville
- 생레오나르 Saint-Léonard
- 몽레알노르 Montréal-Nord

몬트리올시 이민자의 48%가 이 지역에 살고 있으며, 여섯 개 구 인구 중 44%가 이민자이다. 미국이나 유럽의 몇몇 도시들처럼 특정 구에 한 지역 출신 이민자들이 다수를 차지하는, 소위 게토화 현상이 몬트리올에서는 확인되지 않는다. 하지만 상대적으로 한 지역 출신 이민자들 비율이 높은 구들이 네 곳 있다. 몽레알노르와 리비에르데프레리 푸엥트 오트랑블르Rivière-des-Prairies–Pointe-aux-Trembles에는 아이티 출신 이민자들이 각각 구 인구의 33%와 31%를 차지한다. 플라토 몽루아얄Plateau-Mont-Royal과 우트르몽Outremont의 경우, 프랑스 출신 이민자가 각각 28%와 23%를 차지한다. 거주지 밀집도와 비례하지는 않지만, 특정 구역에 특정 지역 출신들의 상점 및 식당 등이 밀집한 곳들도 있다. 시내 중심가에 위치한 중국인 거리Quartier chinois, 로즈몽 라프티트파트리Rosemont-La-Petite-Patrie 구를 중심으로 한 프티트 이탈리Petite Italie, 생미셸에 위치한 프티 마그레브Petit Maghreb, 플라토몽루얄의 포르투갈 거리Quartier portugais가 대표적이다.

일시 체류자의 증가

한편 2000년대 이후 영주권을 취득하지 않고, 일시 체류 비자로 캐나다에 들어와 거주하는 사람들의 비중이 꾸준히 증가하였다. 퀘벡은 온타리오, 브리티시컬럼비아, 앨버타와 함께 가장 많은 수의 일시 체류자를 수용하고 있다. 친지 방문이나 여행 등의 목적으로 방문자 비자, 또는 무비자로 입국한 사람들을 제외했을 때, 망명 신청자, 이주노동자, 외국인 학생이 이 범주에 해당된다.

2008년 이후에는 매년 영주권을 취득하는 사람의 수보다 비자를 취

몬트리올의 프티트 이탈리아 입구

득, 입국하는 사람의 수가 더 많은 상황이다. 2021년에 퀘벡으로 망명신청을 하기 위해 들어온 사람의 수는 7,295명으로 캐나다 전체 12,420명 중 가장 많은 비중을 차지하며, 같은 해 발급된 노동허가증 수는 92,930, 학생 비자는 62,455에 달한다. 특히 2018년 이후 이어진 일련의 이민정책의 변화를 볼 때, 퀘벡에서 영주권 취득은 더욱 까다로워지고, 일시 체류 이주노동의 유입이 장려되는 경향을 확인할 수 있다.

대지에, 이미 그들이 있었다, 퀘벡의 원주민들

캐나다 땅에 살던 사람들, 그리고 바다를 건너온 유럽인들

퀘벡과 다른 캐나다 지역에 언제부터 원주민들이 살고 있었는지 정확히 알려진 바는 없으나 최초의 원주민들은 아시아 지역으로부터 약 3-4만 년 전에 북미 대륙으로 건너왔고, 마지막 빙하기가 끝난 약 만 년 전부터 본격적으로 원주민들이 북미 대륙 각지에 흩어져 살게 되었을 것으로 추정된다. 16세기 유럽인들의 식민이 시작되던 시기 원주민들의 인구 역시 정확히는 알 수 없지만, 적어도 30만 명 이상이 거주하고 있던 것으로 짐작된다. 유럽인들의 시각을 따라 원주민이라는 하나의 범주로 묶어 이들을 지칭하지만, 사실 원주민 집단들 사이의 삶의 모습은 매우 다양했다. 공동체를 구성하고 운영하는 방식, 거주 형태 및 수렵과 채집, 경작, 가축의 사육 등을 통해 식량을 구하고 조리하는 방식들이 집단에 따라 적지 않은 차이를 보였고, 또한 상이한 집단들 사이의 협력과 갈등, 교류 관계도 상당히 복잡한 양상을 띠었다. 이러한 원주민들의 삶은 유럽인들의 식민 과정으로 큰 변화를 겪을 수밖에 없었다.

초기에 도착했던 유럽인들은 혹독한 자연환경에서 생존하기 위해 그리고 유럽으로 싣고 가 판매할 모피 등을 구하기 위해 원주민들과 일정 정도 협력관계를 유지할 수밖에 없었다. 또한 18, 19세기에 이르기까지 프랑스계와 영국계, 그리고 영국으로부터 독립한 미국인들이 서로 경쟁하고 갈등하는 상황 속에서 일부 원주민들과의 협력 및 동맹 관계가 복잡하게 전개되었다. 그러나 유럽인들이 정착하여 도시를 건설하고 농지를 개간하는 과정에서, 이후 산업화와 함께 토지를 개발하고 자원을 추출하는 과정에서 원주민들은 일방적으로 생활 터전을 빼앗기고 전통적인 생활 방식이 상당 부분 파괴되었다.

인디언 법과 동화 정책

19세기부터 영국 식민 정부는 원주민들을 본격적으로 '문명화' 해야 한다고 생각하고 이들을 동화시키기 위한 정책들을 펴기 시작한다. 또한 이 시기에 원주민들의 토지이용과 관련한 규정들이 일련의 입법 과정을 통해 확정되는데, 이를 통해 원주민 '보류지réserve'들이 지정되었다. 이러한 조치는 원주민들의 고유한 권리와 거주지를 보장한다는 의미를 일정 정도 담고 있기도 하지만, 실질적으로는 원주민들의 생활 터전과 이동의 자유를 제한하는 측면이 더욱 강했다. 이러한 관점은 1867년 캐나다 연방이 설립되면서 원주민들과의 전반적인 관계에 대한 책임이 연방정부로 이관된 이후에도 계속 이어졌다. 특히 토지 이용권의 양도를 중심으로 일련의 조약들이 연방정부와 원주민 대표들 사이에 체결되었고, 1876년 '인디언 법Loi sur les Indiens'이 발효되면서 기존의 규정들이 하나의 법으로 통합되었으며, 토지 이용을 비롯해 조세 및 교육 등과 관련한 각종 내용들이 포괄되었다. 이 법은 수십 회의 개정을 거치면서 현재까지도 원주민들과의 관계를 규정하는 주요 법적 틀로 기능하고 있다. 이누이트Inuit를 제외하고 원주민으로 등록된 이들만 이 법의 적용을 받으며, 유럽계 이주민들과의 사이에서 태어난 자녀와 그 후손들, 소위 메티스Métis 역시 이 법으로부터 제외된다.

  동화주의적 관점이 가장 여실하게 드러나는 정책은 바로 기숙 학교의 운영이라고 할 수 있다. 원주민 기숙 학교는 원주민 아이들을 부모와 원주민 공동체로부터 고립시켜 기숙학교에서 거주하고 교육받게 함으로써, 원주민 전통과 언어로부터 단절시키고 유럽식 종교와 문화, 가치에 동화시키기 위한 장치였다. 이미 누벨프랑스 시기부터 가톨릭 교회를 중심으로 이러한 학교들이 운영되었지만, 일반적으로 1880년 이후 캐나다 전역에 걸쳐 국가의 개입 하에 체계적으로 운영되었던 학교들을 가리켜 원주민 기숙학교라고 지칭한다. 마지막 학교가 1996년에 문을 닫기까지 약 15만 명의 아이들이 기숙학교를 다녔던 것으로 추정되며, 퀘벡 지역에서는 1937년부터 1991년까지 총 12개의 원주민 기숙 학교가 운영되었다.

원주민의 권리 증진

  2차 대전 이후 원주민들의 자치 조직들이 강화되고 원주민들의 권리에 대한 정부와 시민들의 인식이 바뀌기 시작하면서, 원주민들의 처우와 관련된 여건들이 서서히 변해가게 된다. 연방의회와 연방정부 주도로 대대적인 정책 방향의 전환을 위한 논의와 시도들이 있었으나, 이 과정에서 정작 원주민들의 의사는 충분히 반영되지 않았고 부분적인 변화를 이끌어내는 데에 그쳤다. 70년대가 시작되며 유의미한 몇몇 국면들이 있었는데, 퀘벡 북부 지역 수력발전소 건설을 둘러싼 갈등과 협의가 그 중 대표적인 사례이다. 1971년 퀘벡 북부 '제임스만Baie James' 부근에 수력발전소 건설안이 발표되면서 해당 지역을 중심으로 생활하던 이누이트와 크리족Cris이 자신들의 토지에 대한 고유한 권리가 일방적으로 침해당했다고 반발하였으며, 1973년 퀘벡고등법원은 원주민들의 주장을 인정했다. 이들 원주민 대표들과 퀘벡 정부, 연방정부는 일련의 협상을 거쳐 1975년에 '제임스 만과 퀘벡 북부에 대한 협약Convention de la Baie-James et du Nord québécois'에 서명하고, 이에 따라 원주민들은 수력발전소 건설에 필요한 토지를 양도하고, 재정적 보상과 함께 교육 및 보건과 관련한 권리, 자치권 향상 등을 보장받았다.

이후 유사한 협약이 캐나다 각지에서 여러 쟁점을 두고 체결되었는데, 기존의 일방적이고 비민주적인 협약들과 구분해 1975년부터 체결된 협약들을 '현대적 협약traités modernes'으로 부르기도 한다. 또한 1977년부터 1981년까지 이어진 원주민 대표들과 연방정부 간의 일련의 협상 끝에, 1982년 캐나다 헌법안에서는 35조에 '조상 전래의 권리와 협약들에 근거한 권리들'에 대한 보장을 포함시키게 되었다. 하지만 이 권리들의 구체적인 내용과 관련해서는 이후 이어진 논의에도 불구하고 합의에 이르지 못했다.

오카 위기

1990년 7월 11일부터 9월 26일에 이르는 78일간 몬트리올 인근 도시 오카 부근의 카네사타케Kanesatake에서 모호크Mohawks 원주민들과 퀘벡 주 경찰, 캐나다 연방 경찰, 그리고 캐나다 군 사이에 있었던 대립과 충돌을 가리켜 오카 위기Crise d'Oka라고 한다. 직접적인 원인은 오카시가 모호크 원주민들의 공동묘지가 포함된 토지에 골프장 확장과 주택단지 건설을 발표하면서 시작되었지만, 그 기원은 더 멀리 거슬러 올라간다.

누벨프랑스 시기 모호크 원주민들이 거주하던 카네스타케 지역의 땅을 루이 15세가 가톨릭 성 쉴피스St. Suplice회에 일방적으로 하사했다. 원주민들은 18세기부터 이 토지에 대한 권리 인정을 영국 식민 정부와 캐나다 연방 정부에 수차례 요구했지만, 단 한번도 이들의 요구는 받아들여지지 않았다. 2차 대전 이후 성 쉴피스회는 토지를 매각하고 떠났지만, 원주민들은 그 땅을 되돌려 받지 못했고, 도시의 확장 속에 그들의 생활 공간은 좁아져 갔다. 1989년 급기야 오카시가 건설 계획을 발표하면서 원주민들은 크게 반발하고, 공사를 저지하기 위해 모호크 원주민들이 공사지로 진입하는 도로를 봉쇄하고 바리케이트를 세운다. 시 의회의 요청에 따라 퀘벡주 경찰이 투입되고 원주민들과 충돌하는 과정에서 한 명의 경찰관이 목숨을 잃는다. 주 경찰과 퀘벡 총리의 요청에 따라 연방 경찰뿐 아니라, 8월에는 사천 여 명의 캐나다 군이 진압작전에 투입된다. 9월 1일 마침내 바리케이트가 철거되었고, 공권력은 원주민들이 거주하는 마을까지 진입해 9월 26일 마지막까지 저항하던 원주민들이 진압된다. 이 과정에서 수십 명의 원주민들과 군경이 부상을 입었고, 캐나다 각지에서 카네사타게 원주민들의 저항을 지지하는 운동이 벌어졌다. 결국 연방정부가 논란이 되었던 건설 예정지를 매입함으로써 건설계획은 백지화 되었고, 2001년 입법을 통해 해당 토지에 대한 원주민들의 권리를 인정했다.

끝나지 않은 갈등과 대화

1991년 연방정부 총리의 요청에 따라 원주민들의 권리 보장과 정부와 원주민들 사이의 관계 개선을 위한 '원주민에 관한 왕립 위원회가 Commission royale sur les peuples autochtones'가 발족되었고, 1996년 보고서를 통해 헌법개정을 포함한 440개에 이르는 권고안이 제출된다. 비록 많은 권고안이 실질적인 정책 변화로 이어지지는 않았지만, 이 보고서는 향후 사회적 대화와 정부 교섭의 중요한 길잡이로 기능하게 된다. 1996년에는 원주민들의 요청을 반영하여, 6월 21일을 '원주민의 날Journée nationale des Autochtones'로 지정한다. 그리고 1990년대부터 기숙학교 운영에 관련되었던 종교인과 교단들이 사과를 표명했고, 1998년에는 연방정부가 기숙학교에서 벌어졌던 권리 침해에 책임이 있음을 인정했다. 그리고 2008년에 당시 캐나다 총리였던 스테판 하퍼Stephen Harper는 공식적인 정부의 사과를 표명하고 용서를 구했으며, 2015년에 '캐나다 진실과 화해 위원회Commission de vérité et réconciliation du Canada'는 보고서에서 캐나다의 정책을 '문화적 인종말살génocide culturel'이라고 공식적으로 인정했다. 2019년에는 '원주민, 이누이트와 메티스 아이들과 청소년, 가족에 대한 법Loi concernant les enfants, les jeunes et les familles des Premières Nations, des Iunits et des Métis'이 제정됨으로써 원주민들, 특히 아이와 청소년에 대한 보호와 원주민의 자치권에 대한 법적 장치들이 추가된다. 한편 2021년 브리티시컬럼비아의 한 원주민 기숙학교 터에서 원주민 아이들의 것으로 추정되는 215개의 유해가 발견되면서 원주민 기숙학교 문제는 다시금 크게 쟁점화 되었다. 2022년에는 캐나다 원주민 대표들이 바티칸을 방문하면서 프란치스코 교황이 공식적으로 사과 입장을 표명하기도 했다. 많은 변화에도 불구하고 여전히 해결되지 않은 과거사들이 산재하며, 곳곳에서 개발과 토지에 대한 권리가 충돌하고, 많은 원주민들은 상시적인 차별에 직면해 있다. 수백 년에 걸친 지배와 차별, 갈등과 대화의 이야기는 현재도 생생하게 진행 중이다.

퀘벡 원주민들의 현황

현재 퀘벡 지역에는 이누이트족을 포함한 총 열한 개의 원주민 민족nations들이 55개의 원주민 공동체를 중심으로 생활하고 있다. 이들의 인구는 109,453명으로 전체 퀘벡 인구의 약 1%가 조금 넘는다.

민족 명	언어	인구
아베나키(Abénaquis)	알곤킨(algonquienne)어족	3,375
알곤킨(Algonquins)		13,220
아티카메크(Attikameks)		8,230
크리(Cris)		19,555
이누/몽타네(Innus/Montagnais)		23,001
말레시트(Malécites)		1,552
미크맥(Micmacs)		7,293
나스카피(Naskapis)		797

휴런웬다트 (Huron-Wendats)	이로쿼이(iroquoienne)어족	4,485
모호크(Mohawks)		14,094
이누이트(Inuit)	에스키모-알레우트 (eskimo-aléoute) 어족	13,613

 이누이트 민족은 북위 55도 이상의 북쪽, 주로 누나비크Nunavik 지역 14개 마을을 중심으로 거주하고 있으며, 각각의 마을은 대표와 마을 의회에 의해 운영된다. 다른 원주민 민족들은 주로 원주민 보류지와 정착지를 중심으로 생활하며, 대표와 의원들로 구성된 각각의 공동체 의회가 이들을 대표한다. 그러나 적지 않은 수의 원주민들이 농어촌 및 도시 지역에서 다른 퀘벡인들과 함께 생활하고 있다. 이누이트 민족의 마을들은 퀘벡주 정부가 관할하는 지방자치체로 간주되지만, 다른 원주민 보류지는 연방정부가 직접 관할하게 된다. 원주민 민족들과의 전반적인 관계는 연방정부의 '원주민과 북캐나다 업무부Affiares autochtones et du Nord Canada'가 주로 담당하고, 퀘벡 정부도 원주민 업무 장관에 의해 대표되는 '원주민 업무 부속실Secrétariat aux affaires autochtones'을 통해 원주민들과 관계를 조율하고 있다.

퀘벡의 고등교육

퀘벡 지역에서 오랫동안 교육은 가톨릭 교회의 영향 하에 있었다. 1960년대 조용한 혁명기를 거치면서 퀘벡 교육 시스템 전반이 재편되는데, 주정부 주도로 각급 학교 체계 및 교육 내용이 새로이 편성된다. 그 결과 1967년부터 퀘벡의 고등교육은 컬리지collège 과정과 대학교université 과정으로 이원화 된다.

컬리지

흔히 '세젭cégep'이라 불리는 '일반교육 및 직업교육 학교Collège de l'enseignement général et professionnel'가 컬리지 교육의 중심을 이룬다. 그 외 세젭과는 구분되는 몇몇 공립 컬리지와 세젭과 유사한, 공공 재정 지원을 받거나 받지 않는 사립 컬리지들이 있는데, 공식적으로 이들 컬리지들은 세젭과는 구분되지만 일상에서는 이들 학교들 역시 세젭이라 부르는 경우가 많다.

컬리지 교육은 크게 세 가지 형태로 구분할 수 있는데, 우선 일반교육으로, 중등교육 5년 과정을 마친 후에 거치는 2년의 일반교육 과정이다. 이 과정을 거치면 대학에 진학할 수 있는 자격이 주어진다. 한국이나 캐나다 다른 지역 대학들의 교양과정에 해당하는 교육이 이루어진다고 볼 수 있다. 다음은 직업기술 교육으로 3년 과정이 가장 일반적이다. 그 외에도 6개월 또는 12개월의 단기 직업기술 교육 또는 자격증 과정들도 있어서, 필요와 관심에 따라 다양한 교육 과정을 선택할 수 있다.

공식적으로 세젭은 48개가 운영되고 있고, 이 중에 5개가 영어 세젭이다. 캐나다 영주권이나 시민권을 가진 퀘벡 거주민들에게는 무상으로 교육이 제공된다. 기존 프랑스어 헌장에서는 초중등교육 과정의 경우에만 영어 학교 입학 조건을 까다롭게 제한했지만, 2022년에 프랑스어 헌장이 개정되면서 영어권 세젭 학생 비율 및 입학조건을 제한하기 위한 조치들이 새로이 도입되었다.

한편 퀘벡의 경제 이민 프로그램 중 하나인 '퀘벡 경력 프로그램 Programme de l'expérience québécoise: PEQ'에 따라 퀘벡에서 교육과정을 마친 경우 몇 가지 조건들을 충족시키면 어렵지 않게 캐나다 영주권을 취득하는 것이 가능했다. 때문에 최종적으로 이민을 목적으로 대학과정에 비해 교육기간도 짧고 입학도 수월한 세젭이나 기타 컬리지에 입학한 후 과정을 마치고 영주권을 취득하는 경우들이 많았다. 그러나 2020년 '퀘벡 경력 프로그램'이 개정되면서 영주권 취득 조건이 훨씬 까다로워졌다. 지금은 졸업 이후에도 직업 경력을 쌓아야만 영주권 신청이 가능하다. 특히 직업기술 교육 과정의 경우, 캐나다 직업 분류 코드에 따라 '저숙련' 직종으로 분류되는 직업군의 경우에는 영주권 취득이 더욱 어려워졌다.

대학교

세젭 과정을 마친 퀘벡 학생들은 3년의 대학 학부과정에 진학할 수 있다. 퀘벡에서 대학 학부 학위는 바칼로레아baccalauréat라 불리는데, 프랑스와 비교했을 때 리상스licence에 해당하는 학위로, 프랑스에서 고등학교졸업자격시험을 의미하는 바칼로레아와는 다른 의미로 사용된다. 일반적으로 학부 과정은 1년 과정에 해당하는 자격증 과정certificat, 부전공 과정mineure과 2년 과정에 해당하는 전공 과정majeure으로 구성되어 있다. 자격증이나 부전공 과정 3개를 이수하거나, 또는 자격증이나 부전공 과정 1개와 전공 과정 1개를 이수할 경우 학부 학위 취득이 가능하다. 대학원 과정은 한국과 마찬가지로 일반적으로 2년 과정에 해당하는 석사 과정maîtrise과 4년 또는 그 이상의 시간이 소요되는 박사 과정doctorat으로 구분된다. 또한 보통 1년이 걸리는 실기 중심의 과정인 '전문고등교육학위diplôme d'études supérieures spécialisées' 과정이 대학원 과정에 포함되어 있는데 흔히 줄여서 DESS라고 불린다.

주요 대학들

대학교 역시 프랑스어권 대학과 영어권 대학으로 구분되는데, 먼저 프랑스어권 대학으로는 퀘벡 대학교Université du Québec, 라발 대학교Université Laval, 몬트리올 대학교Université de Montréal, 셰르브룩 대학교Université de Sherbrooke가 있다. 맥길 대학교McGill University, 콩코르디아 대학교Concordia University, 비숍스 대학교Bichop's University는 영어를 중심으로 교육이 진행된다.

퀘벡 대학교

몬트리올 퀘벡 대학교의 주디스자스맹관Pavillon Judith-Jasmin. 1970년대 건물 신축과정에서 기존에 있던 생자크 성당Église Saint-Jacques의 종탑과 전면을 남겨두었다.

퀘벡 고등교육의 가장 큰 축을 담당하고 있는 것은 바로 퀘벡 대학교이다. 1968년 퀘벡 정부에 의해 설립된 일종의 국립 대학교 네크워크로서, 일반적인 교육과 학술 증진 이외에도 퀘벡인들, 특히 프랑스어권 서민들에게 고등교육에 대한 접근 기회를 늘리고, 대학이 위치한 지역 개발에 이바지하는 것을 주요 목표로 삼고 있다. 이러한 이념에 따라 퀘벡 각 지역에 대학들을 설립했고, 입학조건을 상대적으로 수월하게 유지하고 있으며, 교육프로그램도 각 지역의 특성을 고려하여 특화해 왔다. 현재 퀘벡 대학교 네트워크에 포함된 대학은 일반적인 형태의 종합대학인 몬트리올 퀘벡 대학교Université du Québec à Montréal: UQAM, 트루아리비에르 퀘벡 대학교Université du Québec à Trois-Rivières: UQTR, 시쿠티미 퀘벡 대학교Université du Québec à Chicoutimi: UQAC, 리무스키 퀘벡 대학교 Université du Québec à Rimouski: UQAR, 우타우에 퀘벡 대학교Université du Québec en Outaouais: UQO, 아비티비테미스카맹그 퀘벡 대학교Université du Québec en Abitibi-Témiscamingue: UQAT와, 특수 대학교인 국립과학연구소

Institut national de la recherche scientifique: INRS, 국립공공행정학교École nationale d'administration publique: ENAP, 고급기술학교École de technologie supérieure : ETS, 그리고 원격교육 대학인 텔륔Télé-université: TÉLUQ으로 총 10개 대학이다.

이 중에서 규모가 가장 큰 대학은 물론 몬트리올 퀘벡 대학교이다. 몬트리올 중심가 인근에 1969년 대학을 설립하면서, 상대적으로 짧은 기간에 많은 수의 교직원과 학생들을 수용하면서 빠르게 성장해 지금은 가장 큰 프랑스어권 대학 중 하나가 되었다. 2021년 기준으로 약 37,000명의 학생이 재학 중이고, 320개의 프로그램이 운영 중에 있다.

라발 대학교

라발 대학교 캠퍼스 입구의 교기

라발 대학교는 아메리카 대륙 최초의 프랑스어권 대학이자 캐나다에서 6번째로 오래된 대학이다. 그 역사는 1663년 누벨프랑스의 주교 프랑수아 드 몽모랑시라발François de Montmorency-Laval이 설립한 퀘벡 신학교Séminaire de Québec까지 거슬러 올라간다. 영국이 누벨프랑스를 점령한 이후로는 신학 외의 다른 영역으로 교육 내용을 확대했고, 1852년 왕립헌장Charte royale을 통해 라발 대학이 퀘벡시에 고등교육기관으로서 설립된다. 1878년에는 몬트리올에 분교를 설립하는데 후에 라발 대학으로부터 분리되어 몬트리올 대학교가 된다. 1920년대부터 대학이 확장되면서 캠퍼스의 확장이전이 불가피해졌고, 1950년이 되어 퀘벡시 외곽의 생트푸아 Sainte-Foy 지역에 지금과 같은 대규모의 캠퍼스가 설립되었다. 2021년 기준으로 47,000명 이상의 학생이 재학 중이고, 약 500개의 프로그램이 운영 중에 있다.

몬트리올 대학교

라발 대학교의 분교로 시작된 몬트리올 대학교는 1920년에 라발 대학교로부터 분리되어 지금의 몬트리올 대학교가 되었다. 한편 1873년에 설립된 공과대학 에콜 폴리테크닉 École Polytechnique과 1907년에 설립된 고등경영학교 École des hautes études commerciales de Montréal: HEC Montréal가 각각 1887년과 1915년에 몬트리올 대학교에 통합되어 지금까지 유지되고 있다. 몬트리올 중심가에 있던 캠퍼스는 1943년 몽루아얄 공원 북쪽 사면으로 이전했고, 가장 최근에는 2019년에 이보다 북쪽에 과학연구단지가 설립되었다. 2021년 기준 약 7만 명의 학생이 재학 중이고, 약 600개의 프로그램이 개설되어 있다.

몬트리올 대학교 캠퍼스 입구. 에콜 폴리테크닉과 고등경영학교 명칭도 병기되어 있다.

맥길 대학교

캐나다에서 가장 오래된 대학중 하나인 맥길 대학은 스콜틀랜드계 모피상이었던 제임스 맥길 James McGill이 토지와 자금을 기부하면서 1821년에 설립되었다. 맥길 컬

맥길 대학교의 예술관 Pavillon des arts

리지라 불리던 이 학교는 1885년에 맥길 대학교로 공식명칭을 바꾸었다. 맥길 대학교는 몬트리올 시내 중심가에 위치하며 많은 수의 교직원과 학생들을 수용하고 있다. 하지만 영어로만 교육과정이 운영되어 다수의 프랑스어권 퀘벡인들에게는 접근이 제한되어 있었기에, 조용한 혁명 시기에는 영어권 캐나다인들의 지배와 권위를 상징하는 기관으로 많은 비판을 받기도 했다. 2021년 기준으로 약 4만 명의 학생이 재학 중이고, 400개 이상의 프로그램이 운영 중이다.

등록금과 2012년 등록금 인상 반대 운동

다른 주들과 비교했을 때 퀘벡의 대학 등록금은 캐나다 내에서 가장 낮은 편이다. 이는 공립학교뿐 아니라 사립학교도 재정의 상당부분을 정부의 공공재정에 의존하고 있기 때문이다. 이러한 차이는 교육의 공공성에 대한 인식 차이에서 비롯된다고 볼 수 있으며, 특히 영미권의

고등교육 시스템보다 프랑스 같은 유럽의 대학 시스템을 참조하여 정책이 결정되기 때문이기도 하다. 2000년대 이후 등록금을 대폭 인상하고 공공재정 지출을 제한하려는 정부의 시도들이 있었으나 학생들의 반발로 무산되었다.

특히 2011년 자유당 정부가 5년에 걸쳐 등록금을 대폭 인상하는 방안을 제출하자 컬리지와 대학 학생들은 크게 반발했다. 각급 학생회들은 등록금 인상 반대 투쟁을 조직하고, 2012년 상반기에는 다수의 학생회들이 6개월이 넘는 기간 동안 동맹휴업에 돌입하며 강도 높은 투쟁을 벌였다. 휴업 기간 동안 거의 매일 거리집회가 열렸고, 학생 단체뿐 아니라 노조연맹 및 시민사회단체들이 연대하여 대규모의 투쟁이 이어졌다. 정부는 특별법 제정을 통해 학생들의 휴업과 투쟁을 제한하려 했지만, 장기간 이어진 등록금 인상 반대 운동과 비판 속에 마침내 정부는, 2012년 가을, 의회를 조기 해산하고 총선을 앞당겨 치른다. 그 결과 자유당은 선

2012년 등록금 인상 반대 운동. 배너에는 "교육은 판매의 대상이 아니다"라는 문구가 써 있다.

거에서 참패하고 등록금 인상안은 무산된다. 당시에 투쟁을 선도했던 대학 학생회 연맹은 등록금 인상 반대를 넘어 대학 무상 교육을 공식 요구안으로 내걸었다.

　한편 같은 프로그램이라 하더라도 다른 주 출신 학생들과 외국인 학생들의 경우 등록금이 다르게 책정된다. 특히 외국인 학생들은 퀘벡 학생들에 비해 세 배 이상의 등록금을 납부해야 하기 때문에 큰 부담이 아닐 수 없다. 국가간 양자협약이 체결된 경우, 체결 내용에 따라 일부 외국인 학생들은 추가등록금 납부를 면제받을 수 있으며, 대학 자체적으로 추가등록금을 면제해주는 장학 제도가 운영되기도 한다. 또한 난민 신청자이거나 이주노동자 부양가족인 경우 등 특별한 조건에 따라 면제를 받을 수 있는 경우도 있다. 2022년 가을부터는 몬트리올 이외 지역 대학에 입학하는 외국인 학생들의 추가 등록금을 면제하기 위한 방안이 추진 중에 있다.

퀘벡의 미디어

여느 민주주의 사회와 마찬가지로 퀘벡에서도 언론은 민주주의의 원활한 작동과 사회의 응집을 위해 중요한 역할을 하고 있다. 캐나다 다른 주들의 언론과 비교해 퀘벡 언론의 두드러진 특징은 역시나 프랑스어에 기반한 언론이 주를 이루고 있고, 많은 경우에 이들 언론들은 캐나다 전역이 대상이 아닌 퀘벡주 또는 퀘벡 내 특정 지역에 기반을 두고 운영된다는 점에서 찾을 수 있다.

텔레비전

먼저 캐나다 전역을 대상으로 하는 캐나다 공영방송사는 프랑스어 방송 라디오카나다Radio-Canada와 영어 방송 CBC로 구분되고, 프로그램 편성 및 내용 구성에서 이 둘은 독립적으로 운영된다. 또한 퀘벡주 문화커뮤니케이션부Ministère de la Culture et des Communicat-ions가 직접 관장하는 교육방송 텔레퀘벡Télé-Québec이 주 단위의 공영방송

몬트리올에 위치한 라디오카나다의 옛 건물. 2020년 바로 인접한 새 건물로 이전했다.

채널을 편성, 배포하고 있다. 그 외 민간 방송 채널들은 프랑스어 기반 TVA, V, 영어 기반 CTV, Citytv, Global 등의 방송사들이 운영한다. 대부분의 텔레비전 뉴스 채널들은 인터넷을 통해 기사들을 텍스트 또는 비디오로도 제공하고 있어, 사실상 기존 신문의 역할도 함께 수행하고 있다고 볼 수 있다.

라디오

라디오카나다/CBC에 속한 공영 라디오 방송 16개 외에 95개의 민간 라디오 채널, 40개의 커뮤니티 채널, 6개의 학생 언론 채널, 5개의 종족ethniques 채널, 4개의 종교 채널, 그리고 약 50여 개의 원주민 채널이 운영되고 있다.

신문 및 잡지

16개의 주요 일간지 중 영어 신문인 가제트 몬트리올Gazette Montreal을 제외한 신문들은 모두 프랑스어로 발간된다. 이 중 구독자 수를 기준으로 했을 때 가장 대표적인 신문으로는 주르날 드 몽레알Journal de Montréal, 주르날 드 퀘벡Journal de Québec, 라 프레스La Presse, 르 드부아르Le Devoir, 주르날 메트로Journal Métro, 24시24h, 르 솔레이Le Soleil를 들 수 있다. 그 외에도 200개 이상의 주간지, 300개 이상의 잡지가 발간된다. 일부는 여전히 지면으로 인쇄되지만, 대부분은 온라인에 기반하고 있다.

커뮤니티 언론

한편 퀘벡에서는 작은 지역이나 공동체, 또는 단체 등에 기반하는 커뮤니티 언론이 활성화되어 있는데, 라디오 방송 외에도 신문, 잡지, 블로그 등 다양한 형태의 매체를 이용해 소식과 의견을 전하고 있다.

퀘벡 언론의 주요 특징 및 최근 경향

유럽의 언론들과 비교했을 때, 퀘벡의 언론계에서는 북미 언론 전통에 가깝게 정치적 중립성, '정치적 올바름 political correctness'이 상대적으로 강조되고 있어, 언론 매체별로 정치적 색채가 뚜렷하게 구별되지는 않는다. 한편 2000년대 이후 서구의 다른 지역들과 마찬가지로 퀘벡에서도 두 가지 두드러진 경향이 나타난다. 첫째로 인터넷에 기반한 새로운 언론들의 등장과 대형 인터넷 포털을 통한 기사 배포로 기존의 많은 언

퀘벡의 대표적인 프랑스어 일간지인 '르 드부아르'

론사들이 재정적 불안정에 시달리고 있다. 이러한 상황을 고려하여 캐나다 연방정부는 언론 기사를 배포하는 주요 인터넷 포털에 2024년부터 새로운 과세를 예고했다. 둘째로 일부 여러 언론사들이 통폐합되는 가운데 일부 대형 언론사 그룹들로 소유권이 집중되고 있다. 그 중에서도 '퀘베코르Quebecor'는 신문뿐만 아니라 텔레비전이나 라디오 채널도 상당 수 소유하고 있는 퀘벡에 기반한 최대의 언론사 그룹이다. 이러한 두 가지 경향에 비추었을 때 일간지 '르 드부아르'는 독특한 모습을 보인다. 무료 배포를 거부하고 여전히 구독료를 주요 수입원으로 하여 광고료에 대한 과도한 의존을 피하고 있으며, 거대 기업에 통합되지 않고 독립언론사로 운영되고 있다. 또한 단신 위주의 빠른 정보전달이 점차 중요해지는 최근 경향에도 불구하고 분석기사를 중시하고, 소위 주로 지식인들을 겨냥한 기사들을 많이 싣는다.

퀘벡의 축제 캘린더

| 1월 | 2월 3월 4월 5월 6월 7월 8월 9월 10월 11월 12월 |

몬트리올 이글루 페스티벌 (Igloofest)

한겨울 몬트리올 야외 무대에서 펼쳐지는 일렉트로닉 음악 페스티벌
1월 중순부터 2월 초순까지 몬트리올 구항구 지역에서 열린다.

www.igloofest.ca

| 1월 2월 3월 4월 5월 6월 7월 8월 9월 10월 11월 12월 |

퀘벡 카니발 (Carnaval de Québec)

북아메리카 대륙 최대의 겨울 축제
국제얼음조각 콩쿠르, 퍼레이드, 빙벽 타기, 눈 목욕 등 다양한 행사가 펼쳐진다.

www.carnaval.qc.ca

몬트리올 백야 축제 (Nuit Blanche à Montréal)

몬트리올의 박물관과 미술관을 포
함한 다양한 문화 공간을 밤새도록
개방하는 날
대다수는 무료 개방
https://www.nuitblanchemtl.com/

몬트리올 백야 축제의 거리 모습

1월 2월 **3월** 4월 5월 6월 7월 8월 9월 10월 11월 12월

퀘벡 성 패트릭 데이 (La St-Patrick à Québec)

아일랜드 수호성인 성 패트릭을 기리는 축제
19세기 퀘벡을 비롯한 북아메리카로 대거 이주한 아일랜드인의 후손들
이 그들의 고유한 문화를 재현한다.

1월 2월 3월 **4월** 5월 6월 7월 8월 9월 10월 11월 12월

퀘벡 미식가 페스티벌 (Festival gourmand Québec Exquis!)

30여 명의 셰프들이 함께 개발한 여러 메뉴를 시민들과 방문객들은 시
내 레스토랑에서 맛볼 수 있는 축제
장벨리보 광장 Place Jean-Béliveau 에는 야외 테라스가 마련된다.
https://quebecexquis.com/

1월 2월 3월 4월 **5월** 6월 7월 8월 9월 10월 11월 12월

몬트리올 자전거 페스티벌 (Festival Go vélo Montréal)

1985년부터 매년 5월에 몬트리올을 중심으로 근교에서 열리는 여름을 알리는 축제
자전거를 타고 몬트리올이 위치한 섬을 도는 '섬 투어', 밤에 자동차 도로를 막고 자전거 행렬이 이어지는 '밤의 여행' 등 다양한 자전거타기 행사가 열린다.
https://www.velo.qc.ca/categorie-evenement/festival-go-velo-mtl/

몬트리올 일렉트로닉 피크닉 (Piknic Electronik Montréal)

매해 5월부터 9월까지 일요일마다 몬트리올 시내 중심가에서 10분 거리에 위치한 장드라포Jean-Drapeau 공원에서 열리는 일렉트로닉 음악 축제
https://piknicelectronik.com/

퀘벡 국제 연극 교차로 (Carrefour international de théâtre)

2022년 기준 스물두 번째로 열리는 퀘벡 시티의 연극축제
실외에서 공연되는 연극은 퀘벡시 협찬으로 무료로 관람할 수 있다.
https://www.carrefourtheatre.qc.ca/

퀘벡의 축제 캘린더

1월　2월　3월　4월　5월　**6월**　7월　8월　9월　10월　11월　12월

몬트리올 불꽃 축제 (Festival des feux d'artifice de Montréal)

1985년부터 계속되는 축제

6월부터 8월 초까지 퀘벡주에서 가장 큰 놀이공원인 라롱드 La Ronde 에서 개최된다.

www.internationaldesfeuxlote-quebec.com

몽트벨로 록 페스티벌 (Montebello Rock)

우타우에 지방의 작은 마을 몽트벨로에서 매년 6월에 개최되는 록 페스티벌

몬트리올에서 차로 한 시간 반 정도 거리에 위치한 몽트벨로는 인구가 천 명 정도지만, 한 때 20만 명의 관람객들이 모이기도 했었다.

https://www.amnesiarockfest.com/en/

몬트리올 국제 재즈 페스티벌 (Festival International de Jazz de Montréal)

1980년에 시작된 세계 최대 규모의 재즈 축제

축제 기간인 6월 말부터 10여 일 동안 몬트리올 시내의 스펙타클 지구 Le Quartier des Spectacles 전역이 무대가 된다.

www.montrealjazzfest.com

몬트리올 벽화 페스티벌 (Mural Festival)

곳곳의 벽화들이 랜드마크 중 하나가 된 몬트리올에서 열리는 벽화 축제
6월 중 열 하루 동안 이어지는 국제 거리 미술 축제
https://muralfestival.com/fr/

| 1월 | 2월 | 3월 | 4월 | 5월 | 6월 | **7월** | 8월 | 9월 | 10월 | 11월 | 12월 |

몬트리올 유머 축제 (Juste pour Rire Montréal)

1983년 몬트리올의 생드니 Saint-Denis 극장에서 시작된 축제
매년 6월 몬트리올의 여러 극장과 길거리에서 공연을 관람할 수 있다.
https://www.hahaha.com/fr

몬트리올 카리브해 페스티벌
(Carifiesta–Le Grand Carnaval Des Caráibes, Un Goût des Caráibes)

카리브해 지역 문화 축제
몬트리올에서 7월에 열리는 카니발과 식도락 축제
https://www.mtl.org/fr/quoi-faire/festivals-et-evenements/un-gout-des-caraibes-place-bonaventure

퀘벡 여름 축제 (FEQ, Festival d'été de Québec)

퀘벡에서 열리는 대규모 음악 페스티벌
11일 동안 백만 명 이상이 방문한다.
https://www.feq.ca/

| 1월 | 2월 | 3월 | 4월 | 5월 | 6월 | 7월 | **8월** | 9월 | 10월 | 11월 | 12월 |

몬트리올 국제 원주민 축제 (FIPA, Festival International Présence Autochtone)

1990년부터 아메리카 대륙의 원주민 문화를 공유하기 위해 시작된 페스티벌
아메리카 인디언들의 전통 문화, 그들의 영화, 전시회, 콘서트 등을 감상할 수 있다.
https://www.presenceautochtone.ca/

몬트리올 패션&디자인 페스티벌 (Festival Mode & Design)

도심 거리에서 진행되는 패션쇼를 비롯해 공연, 연주, 콘퍼런스 등이 진행되는 패션 축제
뉴욕, 로스앤젤레스에 이어 북아메리카 3대 패션산업 중심지인 몬트리올의 패션산업에 대한 강한 의지가 엿보인다.
https://festivalmodedesign.com/

몬트리올 자긍심 페스티벌 (Festival Fierté Montréal)

LGBTQ+(동성애자, 양성애자, 트랜스젠더, 성 정체성에 대해 갈등하는 사람, 퀴어)로 지칭되는 성 소수자를 위한 축제
1979년 게이 페스티벌로 시작되어 2007년부터 현재 이름으로 바뀌었다.
10여 일간의 축제 기간에 전 세계에서 300만 명 정도가 방문한다.
https://fiertemtl.com/

퀘벡 누벨프랑스 축제 (Fêtes de la Nouvelle-France)

퀘벡 구시가지에서 열리는, 역사와 문화가 어우러진 축제
프랑스인들이 북아메리카에 정착했던 18세기 누벨프랑스 시절의 의상, 음식 등 문화를 재현한다.
https://nouvellefrance.qc.ca/

1월	2월	3월	4월	5월	6월	7월	8월	**9월**	10월	11월	12월

몬트리올 국제 판타지 영화 페스티벌 (Festival Fantasia)

1996년부터 시작된 판타지 영화 페스티벌
북아메리카 대륙에서 가장 큰 규모다.
https://fantasiafestival.com/fr

퀘벡 사이클 그랑프리 (Grand Prix Cycliste de Québec)

퀘벡 시내에서 열리는 사이클 대회
전 세계에서 가장 유명한 사이클 선수단 19개 팀이 참가하여 가파른 경사가 많은 지역을 주파한다.

https://gpcqm.ca/

| 1월 | 2월 | 3월 | 4월 | 5월 | 6월 | 7월 | 8월 | 9월 | **10월** | 11월 | 12월 |

몬트리올 누보 시네마 영화제 (Festival du Nouveau Cinema de Montréal)

1971년부터 시작되어, 매년 10월에 12일 동안 몬트리올에서 개최되는 영화제
한 해 동안 유명한 국제 영화제에서 좋은 평가를 받은 작가주의 감독들의 작품과 작품성 높은 퀘벡의 영화들이 소개된다.

https://nouveaucinema.ca/

| 1월 | 2월 | 3월 | 4월 | 5월 | 6월 | 7월 | 8월 | 9월 | 10월 | **11월** | 12월 |

몬트리올 시네매니아 영화제 (CINEMANIA)

북아메리카 대륙 최대의 프랑스어권 영화 축제
프랑스어로 제작된 영화만 상영되며 영어는 자막으로 제공된다.

https://festivalcinemania.com/fr

1월 2월 3월 4월 5월 6월 7월 8월 9월 10월 11월 **12월**

몬트리올 빛힐링 축제 (Luminothérapie)

빛을 주제로 하는 디지털 설치미술 축제
12월부터 3월까지 몬트리올 시내 곳곳에 조명 작품들이 전시되어 한겨울 도시의 밤 풍경을 화려하게 장식한다.
https://www.mtl.org/fr/quoi-faire/festivals-et-evenements/luminotherapie-montreal

퀘벡 그랑 마르셰 크리스마스 마켓 (Le Marché de Noël au Grand Marché)

매년 12월 한 달 동안 퀘벡의 그랑 마르셰에서 열리는 크리스마스 시장 150여 개의 지역 기업들이 참여한다.
https://www.quebec-cite.com/fr/quoi-faire-quebec/evenements/le-grand-marche-de-noel

퀘벡의 장소들

02 몬트리올

숫자로 보는 몬트리올

몬트리올 구시가지
- 나루터에서 항구로 그리고
  레저와 문화 공간으로, 몬트리올 옛 항구
- 몬트리올 시청과 퀘벡 만세!
- 몬트리올 노트르담 성당
- 퀘벡 커피의 어제와 오늘
- 샹송 클럽

공연예술거리와 중심가
- 공연예술거리의 캐나다 국립영화제작소
- 플라스 데자르
- 몬트리올 지하 도심
- 생트카트린 거리, 맥주 그리고 술 문화
- 몬트리올에서 만나는 레너드 코헨,
  몬트리올 벽화
- 오슐라가
- 몬트리올 미술관

플라토 몽루아얄과 라탱 지구
- 노동자들의 거주지에서 보보들의 성지로,
  플라토 몽루아얄
- 몽루아얄 언덕과 인근 공원
- 생드니 극장과 퀘벡의 시네아스트
- 퀘벡의 시네마테크와 영화의 역사

몬트리올 시내의 다양한 지역들
- 퀘벡 최고의 전통시장 장탈롱 시장
- 프티 베트남과 소설가 킴 투이
- 기적의 기억, 몽루아얄의 성 요셉 성당
- 몬트리올 포럼
- 생앙리, 산업화의 그늘과 프랑스계
  노동자의 애환
- 빌라주 게, 어둠에서 자긍심으로
- 자크카르티에 다리와 퀘벡의 슬픈 역사
- 용도 변경 중인 몬트리올의 성당들

숫자로 보는 몬트리올

　북미의 파리라고 불리는 몬트리올은 생로랑강의 몬트리올섬을 중심으로 자리 잡은, 퀘벡주 최대의 도시이고 퀘벡 경제와 문화의 중심지이다. 캐나다에서는 토론토에 이어 두 번째로 인구가 많은 도시이며, 또한 파리 다음으로 프랑스어 사용 인구가 많은 도시이기도 하다.

1535년

몬트리올이 유럽의 역사에 기록되기 시작한 것은 1535년 자크 카르티에가 몬트리올섬을 탐험하면서 섬에 있는 언덕을 몬스 레알리스로 명명하면서부터다. 1611년 사뮈엘 드 샹플랭은 모피 교역소를 설치했고, 1642년 폴 드 쇼메데 드 매조뇌브는 프랑스인을 위한 이주민 마을 빌마리Ville-Marie를 건설했다. 성모 마리아의 도시라는 뜻의 빌마리는 이후 몬트리올시로 발전한다. 현재 빌마리는 몬트리올시의 중심에 위치한 구(區)의 이름이기도 하다.

1,762,949명

캐나다 인구조사에 따르면 2021년 현재 몬트리올시 인구는 1,762,949명이다. 1660년 빌마리 및 인근 지역 인구가 407명으로 기록되어 있으니, 3세기 반 동안 인구가 약 4,300배 늘어난 셈이다. 몬트리올시에 국한할 때, 인구가 10만 명을 넘어선 것은 1860년대 말이고, 1951년에는 100만 명을 상회하기 시작한다.

몬트리올 권역 전체 인구는 4,291,732명으로, 퀘벡주 인구의 48%에 해당된다. 퀘벡주민 두 사람 중 한 명은 몬트리올 시내 및 인근 권역에 살고 있는 것이다.

24.6%

몬트리올 권역 인구의 24.6%는 캐나다가 아닌 다른 국가에서 태어난 사람들이다. 몬트리올 시내 및 인근 지역에 사는 사람들 4명 가운데 1명은 출생 후에 캐나다에 입국한 사람이라는 뜻이다. 몬트리올 및 퀘벡이 문화적 다양성을 중시할 수밖에 없는 이유 가운데 하나라고 할 수 있다.

59.3%

몬트리올의 통계자료에 따르면, 시 인구 중 프랑스어와 영어 이중언어 사용자는 59.3%다. 프랑스어만 할 수 있는 사람의 비율은 26.8%이고, 영어만 사용하는 주민의 비율은 11.5%다. 그리고 2.4%의 사람들은 프랑스도 영어도 아닌 다른 언어를 사용한다. 프랑스어 단일 언어 사용자들은 주로 시의 동쪽 지역에 거주하는 반면, 시의 서쪽 지역에는 영어 단일 언어 사용자가 상대적으로 많다

몬트리올 구시가지

도심에서 남동쪽의 빌마리 구에 위치한 몬트리올 구시가지는 프랑스인들의 초기 정착지로 몬트리올의 역사적 중심지이다. 포석이 깔린 거리 구석구석에는 400년의 역사가 배어 있다. 하지만 이곳은 가장 활발하고 가장 최신의 관광 명소이기도 하다. 미술관, 장인들의 작업장, 레스토랑, 카페, 상점, 샹송 클럽 등이 즐비한 거리와 레저의 중심지인 옛 항구에서는 과거와 현재를 잇는 다양한 경험이 가능하다.

나루터에서 항구로 그리고 레저와 문화 공간으로
- 몬트리올 옛 항구

몬트리올 발전의 증인

옛 항구 지역은 몬트리올에서 가장 붐비는 장소 가운데 하나다. 1년에 600만 명 이상의 시민과 관광객이 찾는다. 이들은 배를 타기 위해서 이 항구를 이용하는 것이 아니다. 배가 닿고 정박하는 선착장으로 쓰이던 다섯 개의 선창이 여전히 강을 향해 뻗어 있지만, 현재 이곳은 항구로 활용되지 않는다. 봄, 여름, 가을, 겨울 할 것 없이 사람들은 주로 휴식, 산책, 레저 활동을 위해 이곳을 찾아오며, 수변공원처럼 변모한 이 지역은 다양한 시설로 이에 화답하고 있다.

옛 항구의 발전과 쇠퇴는 곧 몬트리올의 역사다. 15세기 이후 유럽인은 범선을 이용해 북아메리카에 진출했으며, 초기 정착지도 유럽과의 왕래가 편한 곳에 위치할 수밖에 없었다. 1535년 프랑스 국왕 프랑수아 1세의 명령으로 신대륙을 향한 두 번째 항해에 나선 자크 카르티에가 생로랑강을 거슬러 올라 몬트리올섬을 탐험한다. 1642년에는 폴 드 쇼메데 드 매조뇌브Paul de Chomedey de Maisonneuve가 섬에 성모 마리아의 이름을 딴 이주민 마을 빌마리를 세우는데, 이것이 몬트리올시의 시작이라고 할 수 있다.

몬트리올섬을 지나서는 생로랑강이 급류로 이어지기에, 그 이상 강을 거슬러 올라가면 선박의 항해와 접안이 자유롭지 않았다. 당시로서는 프랑스인이 선박을 이용해 대규모로 접근할 수 있는 강의 가장 상류, 가장 서쪽에 위치한 지점이 몬트리올섬이었다. 이후 지금의 옛 항구 지역은 비버 가죽을 프랑스로 실어 나르는 교역의 관문이 된다.

북미 최대의 곡물 수출항으로

18세기에 이르러서는 목재 잔교들이 설치되었고, 섬에 접근하는 유일한 길목으로서 항구는 몬트리올시의 경제적 번영을 뒷받침한다.

1899년 몬트리올 항구의 모습

1800년대에는 산업기술의 발달과 함께 몬트리올은 현대적 항구로 도약한다. 1809년 최초의 증기선이 운항하기 시작했으며, 1825년에는 몬트리올섬의 남서쪽을 가로지르는 라쉰 운하Canal de Lachine가 개통된다. 운하 덕분에 섬 동남쪽의 급류를 피할 수 있게 된 선박들은 생로랑강을 통해 오대호와 유럽을 연결한다. 캐나다 해상 물류의 요충지가 된 몬트리올 항에는 영구적인 접안 시설이 설치되고 현대적 항구의 모습과 기능을 갖게 된다. 이때부터 선적되는 화물의 종류도 곡물, 식료품, 가공상품 등으로 달라진다. 1856년에는 몬트리올과 영국 리버풀을 잇는 정기선이 취항하며, 캐나다 연방이 출범하는 1867년에는 연간 500척의 배가 드나드는 기록을 세우기도 한다. 1886년에는 대륙횡단 열차가 밴쿠버와 몬트리올 항을 연결하면서 캐나다 서부와 유럽을 연결하는 물류망이 완성된다.

1900년 전후로 새로운 선창들이 연이어 설치되고, 20세기 초에는 엘리베이터가 설치된 거대한 사일로 5개와 냉장 창고가 건축되면서 몬트리올 항은 세계 최고의 곡물 수출항 목록에 이름을 올린다. 1926년에는 뉴욕을 제치고 북아메리카에서 가장 많은 곡물이 수출되는 항구로 간주될 정도였다.

1976년 현 위치보다 약간 동쪽에 위치한 지역, 빅토리아 다리 근처에 새로운 항구가 개항하면서 옛 항구는 휴식과 여가와 문화의 공간으로 변모한다. 물류의 요충지에서 몬트리올 관광의 중심지로 위상이 변한 것이다.

몬트리올 옛 항구의 현재 모습.

레저와 문화의 공간

기능은 없어졌지만 항구의 시설들은 그대로 남아서 방문객들에게 다양한 볼거리와 체험 거리를 제공한다.

다섯 개의 선창 가운데 사람들에게 가

곡물 선적을 위해 사용되던 엘리베이터가 남아 있는 컨베이어 선창의 현재 모습

장 많이 알려진 '시계 선창Quai de l'Horloge'은 백사장이 있어 여름에 시민들이 물놀이를 할 수 있는 장소다. '자크카르티에 선창Quai de Jacques-Cartier'에서는 시내의 고층건물들이 하늘을 배경으로 만드는 윤곽선을 감상할 수 있으며 여름에는 유람선 '바토 무슈'가 운행된다. '킹 에드워드 선창 Quai de King Edward'에는 2,000년에 개장한 '몬트리올 과학관'이 있다. 다른 선창에 비해 상대적으로 늦은 1950년대에 건설된 '컨베이어 선창Quai de Convoyeurs'에는 곡물을 선적하기 위한 엘리베이터가 설치된 타워가 아직 하나 남아서 당시의 규모를 짐작하게 한다. 과거에 '알렉상드라 선창'이라고 불리던 '대선창Grand Quai de King Edward'은 소형 선박 부두로 사용되고 있다.

다섯 개의 선창과 함께 몬트리올 항의 과거 위용을 보여주는 또 하나의 유산이 5번 사일로다. 19세기 말부터 수십 년 동안 캐나다의 곡물 수출은 몬트리올 항을 거쳤다. 몬트리올 항은 점차 심해지는 미국 항구와의 경쟁

5번 사일로

에서 우위를 점하기 위해 거대한 사일로들을 건설한다. 다른 사일로들은 사라졌지만, 1903년부터 1994년까지 곡물의 분류와 저장을 위해 사용되었던 5번 사일로는 몬트리올 구항 서쪽 푸엥트뒤물랭Pointe-du-Moulin 선창에 그대로 남아있다. 길이 185.6m, 너비 14m, 높이 66.4m의 이 거대한 건물의 활용과 관련해 몬트리올시는 다양한 방안을 계획 중이라고 한다.

FARINE FIVE ROSES

몬트리올 옛 항구 지역 서쪽 끝, 라쉰 운하 근처의 밀Mill 거리에는 매우 유명한 네온사인 간판이 있다. 제분소가 있던 건물 옥상에 설치된 'FARINE FIVE ROSES'라는 네온사인이다. 'FIVE ROSES'는 100년이 넘는 전통을 가진 캐나다의 유명한 밀가루 제품이다. 회사의 주인은 여러 번 바뀌었지만 제품명은 그대로 유지되고 있다. 이 간판은 1948년에 처음 불을 밝혔다. 밤에는 수 킬로미터 밖에서도 보였기에 운전자들에게는 몬트리올시의 진입을 알리는 표지처럼 인식되기도 한다. 간판은 최초에는 제분 회사의 이름을 담고 있었으나, 1960년대에는 'Farine Five Roses

Flour'로 바뀌었고, 1977년에는 간판에 프랑스어만을 표기하게 하는 101호 법의 영향을 받아 영어 단어인 Flour가 빠져 현재의 모습으로 바뀌었다. 2000년대 들어서 상표를 인수한 스머커 식품회사Smucker Foods of Canada Corp. 가 네온사인의 운영을 그만두려고 했을 때, 많은 시민들은 이 간판이 퀘벡의 문화유산에 해당된다고 이에 반대했고, 회사는 백만 캐나다 달러에 해당되는 비용을 들여 간판을 유지하기로 결정했다. 네온사인 'FIVES ROSES'는 지금 몬트리올시를 대표하는 상징물 가운데 하나로 여겨진다.

FARINE FIVE ROSES 네온사인

몬트리올 시청과 퀘벡 만세!

몬트리올 시청은 구(舊) 중심가의 자크카르티에 광장 맞은편에 있다. 1878년 건축가 앙리 모리스 페로와 알렉산더 카우퍼 허치슨에 의해 제2제정 양식으로 완공된 건물로 의회 의사당과 시장 집무실이 함께 있다. 1922년의 화재로 약간의 변형을 거쳐 1937년에 다시 문을 열게 되었고 1984년에 캐나다의 국립 역사명소로 지정되었다.

몬트리올 시청이 유명해진 것은 1967년 만국박람회를 계기로 프랑스 대통령 드골 장군이 몬트리올을 방문하여 시청 발코니에서 연설 중 그 유명한 <자유 퀘벡 만세!>를 외치면서이다.

드골 대통령이 '퀘벡 만세!'를 외쳤던 몬트리올 시청과 발코니

몬트리올 지역

프랑스어권 지역이기 때문에 현지에서는 몽레알Montréal이라 부르는 몬트리올은 퀘벡주(州)의 중심도시이며 생로랑강 연안에 면해 있다. 인구가 약 4백만으로 퀘벡주 인구의 절반을 차지하고 캐나다에서 토론토 다음으로 인구가 많아 북미 프랑스어권 지역 중 가장 큰 도시이다. 몬트리올은 금융, 고등 교육, 문화와 항공 산업 분야에서 첨단을 달리며 북미에서도 주요 도시로 손꼽힌다.

1967년에 세계만국박람회를 개최하였으며 1976년에는 하계올림픽을 유치하였는데 여기서 우리나라의 양정모 선수가 레슬링에서 금메달을 획득하였다. 캐나다 포뮬러 원이 개최되는 도시이고

몬트리올시의 깃발

1980년에 시작되어 매년 개최되는 '몬트리올 국제 재즈 페스티벌'은 그 규모나 참여 뮤지션의 수준에서 전 세계적으로 유명한 음악 페스티벌이다.

> | 몬트리올 지명의 유래
>
> 몬트리올이란 지명은 1535년에 두 번째로 퀘벡을 방문한 자크 카르티에가 이 지역에서 두드러지는 산을 '왕의 언덕'이라 이름 지은 데서 출발한다. 퀘벡지역을 개척할 당시 이 지역의 공식적인 명칭은 성모가 지켜주는 마을이란 의미에서 빌마리Ville-Marie였지만 17세기부터 이 지역을 몽레알(프랑스어로 몽Mont은 '산 또는 언덕'을 의미하고 레알réal은 '왕'의 형용사형이다)이라 부르기 시작하였고 1831년 3월 31일에 공식적으로 도시의 이름을 몽레알(몬트리올)로 변경하여 오늘에 이른다.

드골 장군의 퀘벡 방문

프랑스의 대통령이었던 드골 장군은 1967년 7월에 퀘벡을 공식 방문한다. 명목상의 방문 이유는 캐나다 만국박람회 참석이다. 하지만 이 방문은 프랑스와 캐나다의 프랑스어권 지역인 퀘벡 그리고 영연방인 캐나다 간의 중요한 외교적 긴장을 불러온 사건으로 기록된다. 드골 장군의 방문은 출발부터 기존의 의전 방식에 비해 의문을 자아내는 행보로 시작되었다. 우선 비행기를 타지 않고 프랑스 북서부의 브레스트 항에서 군함 콜베르를 타고 출발한 것이다. 이렇게 7월 15일에 출발하여 7월 20일 프랑스가 개척한 과거 식민지였던 '누벨프랑스'('새로운 프랑스'라는 의미) 중 유일하게 남은 프랑스령인 캐나다 인근의 생피에르미클롱Saint-Pierre-et-Miquelon에 잠깐 들렀다가 7월 23일 긴 항해를 마치고 퀘벡에 도착한다. 당시의 방문은 드골이 1960년 미국 방문 후 잠깐 방문한 것을 제외하고 프랑스 국가 원수가 과거 식민 영토에 최초로 방문한 것이 된다. 당시 퀘벡 총리인 다니엘 존슨의 영접을 받은 드골은 퀘벡 시청을 방문하고 최초의 프랑스 국가 원수 방문을 환영하는 수많은 인파에 감사를 표시한다. 다음 날 퀘벡에서 몬트리올로 이동할 때 세 가지 경로 중 유독 '왕의 길'을 따라 이동한다. 특별 휴일로 지정된 이 날 행렬이 지나가는 길에는 수많은 주민이 나와서 환영하였다.

왕의 길

퀘벡 인근의 마을과 트루아리비에르, 몬트리올 그리고 퀘벡시를 연결하기 위해 건설한 길이다. 1737년에 완공되었는데 마차가 다닐 수 있도록 폭 7.4m에 총연장은 280km에 이르는 북미에서 가장 긴 단일 도로 중 하나이다. 프랑스 국왕이 퀘벡을 방문할 때 마차를 타고 지나기를 염원하는 마음에서 '왕의 길 Chemin du Roy'이라 명명하였다고 한다.

왕의 길을 알려주는 표지판 그림

드골 장군의 몬트리올 시청 연설 "자유 퀘벡 만세!"

드골 장군의 방문 행렬이 몬트리올 시청에 도착한 것은 저녁 7시 30분 경인데 이때 시청 앞에는 약 15,000명의 시민이 모여 있었다. 애초에 환영 인파를 위해 예정된 연설은 없었지만, 드골은 시청 발코니에서의 즉흥 연설 끝에 "몬트리올 만세!" "퀘벡 만세!" "자유 퀘벡 만세!" "프랑스령 캐나

제2차 세계대전 당시 런던 사무실에 있는 드골 장군

다 만세!" "프랑스 만세!"라는 역사에 길이 남을 마무리로 영국계 주민에 비해 경제적 열세에 있던 퀘벡의 프랑스어권 주민들이 당시에 가지고 있던 분리독립이라는 열망의 불꽃에 기름을 붓게 된다. 당시 캐나다 총리 레스터 피어슨은 즉각 반박 성명을 발표하였고 캐나다 언론도 드골의 연설을 맹비난하였다. 드골은 공식 일정을 단축하고 프랑스로 즉시 귀국한다.

프랑스와 캐나다 그리고 영국 간의 외교적 긴장을 불러온 이 사건에서 흥미로운 사실은 방문의 전반적인 얼개가 아주 세심하게 고려되었다는 점이다. 1960년의 첫 방문에서 드골은 정장 차림으로 방문하였지만, 1967년에는 군인의 신분이 아님에도 군복 차림이었고 이 군복은 제2차 세계대전 때 프랑스를 해방하기 위해 파리로 입성하던 당시의 옷차림이다. 자크 카르티에가 1535년 프랑스의 생말로에서 출발하여 퀘벡을 발견하고 이후 사뮈엘 드 샹플랭이 퀘벡을 개척한 것과 같이 드골은 프랑스의 북서부에서 배를 타고 퀘벡으로 이동하였고 프랑스의 왕처럼 '왕의 길'을 따라 몬트리올에 이르렀다. 이러한 과정 내내 프랑스 해방 당시의 군복을 입고 몬트리올 시청에서 '자유 퀘벡 만세!'를 외친 것은 캐나다를 개척해 '누벨프랑스'를 건설했던 과거의 영광을 떠올리고 영국계 주민과 갈등 관계에 있던 프랑스계 주민들의 분리독립을 적극적으로 독려한 행위라고 볼 수 있다. 이후 프랑스계 주민들의 민족주의는 점차 커져만 갔고 결국 1980년과 1995년에 분리독립 투표를 시행하지만 미세한 차이로 분리독립은 이루어지지 않았다. 이러한 내부적인 갈등을 봉합하기 위해 1976년 몬트리올 올림픽에서는 프랑스계 출신의 소년과 영국계 출신의 소녀가 성화를 최종 점화하며 캐나다의 융합을 기원하기도 하였다. 현재는 세계화의 물결로 인해 퀘벡 민족주의는 현저하게 약화한 상황이라 영어권 주민과 프랑스어권 주민 간의 이전과 갈등은 크게 눈에 띄지 않는다.

몬트리올 노트르담 성당

매조뇌브 동상과 마주 보고 서 있는 몬트리올 노트르담 성당

몬트리올 최대 명소로 손꼽히는 노트르담 성당Basilique Notre-Dame de Montréal은 성 요셉 성당에 이어 몬트리올에서는 두 번째, 퀘벡 전체에서 세 번째로 큰 가톨릭 교회다. 1989년에는 그 역사성을 인정받아 캐나다 국립사적지로 지정되었으며, 매년 백만 명이 넘는 방문객을 맞이한다. 몬트리올의 건설자 중 한 사람인 폴 드 쇼메데 드 매조뇌브의 동상이 위치한 아름 광장Place d'Armes 맞은편, 노트르담 웨스트 거리rue Notre-Dame Ouest 110번지에 자리 잡고 있다.

몬트리올의 역사를 증언하는 노트르담 성당

현재의 몬트리올 노트르담 성당은 19세기에 새로 건설된 것이다. 1683년에 완공된 최초의 노트르담 성당은 자금 부족으로 인해 종탑과 파사드 없이 문을 열었고, 이후 수차례에 걸친 증축작업이 진행되었지만 늘어나는 교구 신자를 감당하기엔 턱없이 부족했다. 19세기 초에는 15,000명의 신자 중 3천 명만을 수용할 수 있었기 때문에 예배당에 들어가지 못한 신자들은 성당 앞뜰에서 미사를 참관할 수밖에 없었다. 그래서 1823년에 8,000명을 수용할 수 있는 성당 신축 계획이 수립되어 아일랜드 출신의 뉴욕 건축가 제임스 오도넬 James O'Donnell(1774-1830)이 설계를 맡게 된다. 1829년에 네오고딕 양식으로 완공된 새로운 노트르담 성당은 1879년까지 모든 교파를 통틀어 북미에서 가장 큰 종교시설로 기록되었다. 그 맞은편에 있던 구 노트르담 성당은 1830년에 철거되었다. 1888년에는 성당 뒤편에 사크레 쾨르 Sacré-cœur 예배당이 건설되었는데, 현재의 예배당은 1978년 12월에 화재로 소실되었던 것을 1982년에 복원한 것이다.

노트르담 성당의 파사드

두 개의 종탑은 재정 문제로 인해 나중에 설치되었는데, 영국의 주조공장에서 제작된 10,900kg에 달하는 유명한 대종 장바티스트Jean-Baptiste가 설치된 '견인(堅忍)Persévérance'이라는 이름의 서쪽 탑이 1841년에 세워졌고, 1843년에는 같은 공장에서 제작된 열 개의 종이 달린 동쪽 탑 '절제Tempérance'가 완공되었다. 동쪽 탑의 편종은 매일 오전 9시부터 오후 6시까지 매시간 런던의 빅 벤이 연주하는 웨스트민스터의 종소리와 같은 멜로디를 연주하며, 서쪽 탑의 대종은 특별한 경우에만 울린다. 한편 성 요셉(캐나다의 수호성인), 성모 마리아(몬트리올의 수호성인), 장바티스트(퀘벡의 수호성인)의 조각상이 설치된 성당의 파사드는 그보다 더 늦은 1865년에 완성되었다.

몬트리올 노트르담 성당에서 방문객을 매료하는 아름다운 내부 장식은 19세기와 상당한 차이를 보인다. 완공 당시 미사 도중 비치는 역광 조명으로 인해 신자들이 불편을 호소하자, 1872년부터 1880년까지 사제 빅토르 루슬로Victor Rousselot의 주도로 전면 개편작업이 진행되었기 때문이다. 루슬로는 프랑스를 방문해 파리의 생트샤펠Sainte-Chapelle 성당을 보고 깊은 감명을 받아, 이를 노트르담 성당에 재현하기 위해 몬트리올의 건축가 빅토르 부르조Victor Bourgeau(1809-1988)에게 작업을 의뢰하게 된다. 특히 궁륭의 푸른 색채, 황금 잎사귀, 기둥에서 생트샤펠의 영향이 크게 나타난다.

노트르담 성당에서 우리의 눈길을 끄는 또 하나는 스테인드글라스다. 많은 성당이 성서의 장면을 스테인드글라스로 표현하는 데 비해, 몬트리올 노트르담 성당의 스테인드글라스는 도시의 초기 역사를 그려내고 있기 때문이다. 그 이유는 노트르담 성당 건설을 주도한 성 쉴피스Saint-

노트르담 성당 내부

Sulpice회가 몬트리올시 설립과 밀접하게 연관되어 있기 때문인데, 1641년 파리에서 성 쉴피스회를 설립한 제롬 르 루아예 드 라 도베르시에르Jérôme Le Royer de la Dauversiére(1597-1659)와 장자크 올리에Jean-Jacques Olier(1608-1657)는 '몬트리올 노트르담 협회Société Notre-Dame de Montréal'를 창설했다. 그들은 몬트리올섬의 일부를 인수하고 원주민을 대상으로 선교활동을 하기 위해 프랑스에서 정착민을 파견했는데, 몬트리올을 설립한 잔 망스Jeanne Mance(1606-1673)와 폴 드 쇼메데 드 매조뇌브가 여기에 포함되어 있었다. 1663년, 성 쉴피스회는 왕실로부터 1840년까지 몬트리올섬을 다스릴 권한을 부여받았고, 세금을 징수해 도시의 기반시설 개발 작업에 착수했다. 성당의 스테인드글라스에는 바로 이 초기 정착민들의 모습과 도시 건설의 주요 과정이 그려져 있으며, 이는 몬트리올 노트르담 성당을 종교적으로만이 아니라 역사적으로 중요한 의미를 갖는 문화유산으로 만드는 역할을 하고 있다.

몬트리올 가톨릭 중심지

몬트리올 노트르담 성당은 종교적, 역사적, 예술적으로 중요한 의미를 가진다. 1982년 4월 21일, 교황 요한 바오로 2세는 몬트리올 노트르담 성당을 바실리카Basilique mineure로 승격시켰다. 바실리카는 건축학적으로 고대 로마에서 여러 용도(법정, 상업거래소, 집회장 등)로 사용된 건물 또는 이 시기에서 유래한 특정 건축 양식을 가리키며, 가톨릭에서는 교황에 의해 특별히 지정된 더 높은 품계의 성당을 가리킨다. 교구의 중심이 되는 성당을 가리키는 주교좌성당(主教座聖堂)cathédrale과 마찬가지로 흔히 대성당으로 번역되는 바실리카는 대성전(교황 바실리카)basilique majeure과 준대성전(소 바실리카)basilique mineure으로 나뉜다. 로마의 성 베드로 대성당, 성 바오로 대성당, 라테라노 성 요한 대성당, 산타 마리아 마조레 대성당의 4개 대성당만 대성전으로 분류되며, 몬트리올 노트르담 성당을 포함한 나머지 바실리카는 모두 준대성전이다. 바르셀로나의 사그라다 파밀리아 대성당, 베네치아의 산 마르코 대성당을 비롯해 전 세계에 약 1,800개의 준대성전이 있는데, 한국의 유일한 준대성전은 2021년 5월에 승격된 광주의 우리 주예수 그리스도의 성 십자가 현양 성당이다. 1984년 9월 11일, 교황은 직접 몬트리올 노트르담 성당을 방문해 어린이들을 위한 미사를 집전했다. 또한 1910년 이곳에서 개최된 세계성체대회는 유럽 밖에서 개최된 최초의 성체대회라는 점에서 큰 의미를 지닌다.

몬트리올 노트르담 성당은 중요한 행사를 치르는 곳으로도 사용된다. 1918년 이래로 도시 건설을 기념하는 연례행사가 개최되고 있으며, 퀘벡의 초대 총리(1858-1862) 조르주에티엔 카르티에Sir George-Étienne Cartier, 캐나다 15대 총리 피에르 트뤼도Pierre Trudeau의 장례식이 이곳에서 치러졌다. 또한 세계적인 팝 디바 셀린 디옹은 1994년 12월에 이곳에서 결혼식을 올렸으며, 성당이 자랑하는 카사방Casavant사(社)의 파이프오르간은 북미에서 두 번째로 큰 것으로, 몬트리올 교향악단은 이곳에서 매년 12월에 헨델의 메시아를 연주한다.

퀘벡 커피의 어제와 오늘

최근 퀘벡에서 두드러지는 현상은 고급 커피, 수제 맥주 브루어리, 화려한 바, 파인 다이닝 등 미식 문화의 약진이라 할 수 있다. 상류층을 위한 미식 문화는 이전에도 존재하였지만 최근 현상은 이러한 미식 문화가 대중화되고 있다는 것이다. 이중 커피는 제3의 물결

퀘벡의 대표적인 카페 반 우트

이라는 세계적인 유행에 편승해 퀘벡에서도 다양한 커피 문화가 전개되고 있다. 퀘벡에 처음 커피가 등장한 것은 1700년대로 거슬러 올라간다. 1753년 군사 기술자인 루이 프랑케Louis Franquet가 식민지 누벨프랑스에 설치한 성벽을 조사하기 위해 퀘벡에 파견되었을 때 트루아리비에르Trois-Rivières를 지나며 총독 관저에서 저녁 식사 후 오늘날처럼 커피를 마셨다는 기록이 남아있다. 이처럼 다른 지역에 비해 일찍 시작된 퀘벡의 커피 문화는 미국 인근이라는 지리적 여건으로 제1의 물결도 비교적 일찍 경험

카페 크루의 내부

하게 된다. 맛을 즐기기 보다는 잠을 깨는 효과가 우선이었던 이 시기, 미국의 '맥스웰 하우스'라는 인스턴트커피 회사의 제품을 수입한 커피 문화가 보편화 되었다. 지금도 퀘벡의 인스턴트커피 수입량이 세계에서 가장 많은 것으로 집계되고 있다는 사실은 퀘벡의 커피 문화가 여전히 대중적인 성격을 띠고 있다는 것을 의미한다. 이후 제2의 물결은 커피 원산지를 밝히는 수제 커피에서 시작되어 프랜차이즈로 발전하는 모습인데 미국에서 스타벅스가 이 시기의 대표적인 커피 메이커라고 한다면 퀘벡에서는 반 우트Van Houtte를 예로 들 수 있다. 더군다나 반 우트는 1975년 매장에서 최초로 샌드위치를 함께 판매하면서 북미에서 새로운 카페의 형태를 개척한 것으로 인정받고 있다. 그리고 최근 들어 얘기하는 제3의 물결은 대기업 형태의 프랜차이즈 커피가 아니라 전문 바리스타를 앞세워 독자적으로 운영하는 카페 형태이며 커피 원두의 원산지뿐만 아니라 재배방식, 원두의 수확 일자, 원두를 볶는 형태까지 상세히 설명하는 것이 특징이다. 퀘벡에서도 10여 년 전부터 이러한 형태의 카페들이 곳곳에 등장하고 있는데 이는 사회 전반에 불고 있는 미식 문화와 어우러져 퀘벡 전반의 미식 수준을 상향화하는 데 일조하고 있다.

카페 Crew와 제국주의의 흔적

몬트리올의 구(舊) 시가지 생자크Saint-Jacques 거리에 위치한 카페 '크루 Crew'는 이러한 커피 문화에서 가장 돋보이는 장소 중 하나이다. 이 카페는 뉴욕의 건설회사 요크앤소이어York & Sawye가 캐나다왕립은행Banque Royale du Canada을 위해 건축하였고 은행이 이전하면서 이 건물의 1층에 자리 잡게 되었다. 몬트리올에서 가장 아름다운 카페 중 하나로 은행 건물의 1층을 활용하여서 여타 카페들과는 공간에서 큰 차이가 있고, 특히 굉장히 높은 천정은 아주 인상적이다. 과거 제국주의 시대풍의 실내장식을 그대로 활용하여 대리석 바닥과 황동으로 장식된 조명 등은 화려한 느낌을 준다. 과거 은행 창구로 사용하던 공간을 개인실로 개조하였고 커피나 음료를 준비하는 공간도 대리석으로 장식하여 다른 곳에서는 볼 수 없는 화려하면서도 독특한 공간을 만들고 있다.

카페 생앙리와 대중의 부상

몬트리올과 퀘벡에 지점을 두고 있는 카페 생앙리 Café Saint-Henri는 퀘벡에서 제3의 물결을 대표하는 카페이다. 직접 커피를 볶을 뿐만 아니라 다양한 건강 음료를 제공하는 이 카페는 하얀색의 내부 장식과

장탈롱 시장 앞에 있는 카페 생앙리

단순하고 소박한 외견으로 카페의 이름을 가져온 몬트리올 남동쪽에 있는 생앙리 지역을 상기시킨다. 이 지역은 1980년대에 사양 산업이 되기 이전의 노동 집약 산업인 섬유와 염색 공장 등이 있어 대표적인 노동자 마을이라 할 수 있다. 영국계 주민에 비해 경제적으로 열세인 프랑스계 주민의 환경을 상징하는 마을이기도 하였다. 하지만 제3의 물결을 타고 생앙리라는 이름이 커피를 앞세운 미식 문화에 앞장서고 있다는 사실은 조용한 혁명기 이후 세계화에 이르기까지 퀘벡의 발전을 하나의 공간이 요약하고 있는 것으로 생각할 수 있다. 해 좋은 날 장탈롱 시장을 둘러보고 난 뒤 깔끔한 생앙리 커피숍의 테라스에서 휴식을 취하며 취향에 맞는 커피를 주문해 마시는 것은 몬트리올에서 누릴 수 있는 소소하지만 큰 즐거움이 될 것이다.

카페 마엘스트롬

최근 수년에 걸쳐 캐나다의 여러 시합에서 우승한 퀘벡 최고의 바리스타 중 한 사람이 창설한 카페로, 맛있는 더치 커피를 만드는 곳으로 유명하다. 생로크Saint-

카페 마엘스트롬의 전경

Roch 거리에 인접한 생발리에Saint-Vallier 거리에 있는 마엘스트롬Café Maelstrøm은 매우 창의적인 다양한 형태의 커피뿐만 아니라 저녁에는 술과 함께 맛있는 음식도 제공하는 핫플레이스로 각광 받는 곳이다.

넥타 카페올로그

2009년에 개업한 이래 넥타 카페올로그Nektar Caféologue는 퀘벡에서 수준 높은 커피를 찾는 애호가들이 사랑하는 카페이다. 생조셉Saint-Joseph 거리에 위치한 이 카페는 캐나다와 미국의 독립 커피 원두 생산자들의 질 좋은 원두를 공급받아 이 원두를 구입하려는 애호가들이 찾아오는 공간이기도 하다. 매일 다른 특급 원두로 내린 커피를 제공해 새로운 맛을 찾는 이들에게는 더없이 좋은 카페로 알려져 있다.

넥타 카페올로그의 모습

샹송 클럽

샹송 클럽은 몬트리올에서 매우 대중적인 장소다. '샹송 클럽'으로 표현했지만, 프랑스어로 'Les boîtes à chansons'은 '샹송을 위한 상자, 즉 유흥장'이라는 의미를 포함하는데, 샹송 공연이 이루어지는 콘서트장과 바, 나이트클럽이 혼용된 공간이라고 이해할 수 있다.

몬트리올에서 유명한 샹송 클럽 중 하나라고 할 수 있는 '레 되 피에로 Les deux pierrots'(104 rue Saint-Paul Est)는 구시가지, 자크카르티에 광장 근처에 있다. 여기서는 유명한 퀘벡 샹송 가수들의 노래들이 다시 불릴 뿐 아니라, 밤새 춤추고 노래하는 매우 흥겹고 정겨운 분위기를 만날 수 있다.

하지만 이런 샹송 클럽이 퀘벡인들에게 단순한 유흥의 장소로만 머물지는 않는다. 퀘벡에서 샹송 클럽은 대중음악 역사에 있어서 의미 있는 장소일 뿐 아니라, 1960년대 퀘벡인들의 민족주의 문화를 상기시키는 기억의 장소이기 때문이다. 마치 우리가 소라껍데기를 귀에 대면 파도 소리와 바다 내음을 아련히 듣고 맡게 되는 것처럼, 퀘벡인들에게 이곳은 한마음으로 부르던 싱어송라이터들의 노래들이 들리는 1960년대 퀘벡의 향수가 느껴지는 곳이다.

전설의 샹송 클럽 'Butte à Mathieu'

샹송 클럽이라는 명칭은 카바레 주인이었던 프랑수아 필롱François Pilon이 1950년대 초, 몬트리올에 있는 카페 생자크 옆에 최초로 샹송 클럽을 열면서 사용되기 시작했다고 알려져 있다. 1950년대 중반 이후 50-100석 규모의 소박하고 협소한 공연장을 지칭하던 샹송 클럽은 주 고객이 대학생들이었던 만큼 주로 커피를, 그리고 때로는 약간의 술을 포함한 다양한 마실 것을 시켜놓고 담배도 피우며 가수들의 노래를 들을 수 있는 허름한 곳이었다.

1959년에는 6명의 젊은이들로 구성된 그룹 '레 보조Les Bozos'가 몬트리올에 '셰 보조Chez Bozo'라는 샹송 클럽을 열고 큰 성공을 얻는다.

같은 해에 몬트리올 출신의 질 마티외Gilles Mathieu는 로랑티드Laurentides의 발다비드Val-David에 샹송 클럽 '뷔트 아 마티외'를 연다. 닭장으로 사용되던 집 한 부분을 작은 공연장으로 만들면서 처음 시작된 이곳은 아버지의 아틀리에로 확장되었고, 퀘벡 샹송의 거성들을 맞아들인다. 펠릭스 르클레르Félix Leclerc, 질 비뇨Gilles Vigneault, 클로드 고티에Claude Gauthier, 루이즈 포레스티에Louise Forestier, 플륌 라트라베르스Plume Latraverse 같은 퀘벡의 유명 가수들은 물론, 기 베아르Guy Béart, 바르바라Barbara, 안 실베스트르Anne Sylvestre 같은 프랑스의 유명 가수들까지 이곳 무대에 서면서, 뷔트 아 마티외는 명실공히 퀘벡 샹송의 명소가 되었다.

이곳은 또한 샹송 클럽 대중화의 도화선이 된 곳이기도 하다. 격자무늬 테이블보와 낚시 그물, 키안티 와인 병 위에 양초들의 실내장식으로 유명한 뷔트 아 마티외는 젊은 가수들에게 첫 무대가 되는 곳이었을 뿐 아니라, 레몽 레베크Raymond Lévesque와 같은 유명 아티스트들이 정기적으로 공연을 하는 곳이기도 했다. 이곳의 유명세는 1960년대 퀘벡시를 비롯한 퀘벡 전역에 많은 샹송 클럽이 문을 여는 계기가 되었다. 퀘벡의 국민 가수 중 한 명인 질 비뇨 역시 자신의 첫 노래를 퀘벡시의 샹송 클럽 '라를르캥L'Arlequin'에서 불렀다.

1967년경부터 초기의 샹송 클럽들은 서서히 힘을 잃게 된다. 공간이 너무 작았고, 공연을 위한 시설도 잘 갖춰져 있지 않았기도 했지만, 무엇보다 근본적인 문제는 대중들이 록 음악과 비틀즈로 대표되는 영미권의 새로운 음악을 듣게 됐다는 것이다. 1975년까지 많은 샹송 클럽들은 문을 닫거나, 다양한 공연이나 전시를 함께 하는 극장으로 변모했다.

이러한 변화 속에서 한때 시대를 풍미했던 뷔트 아 마티외도 1974년 재정문제로 결국 문을 닫았고, 다른 샹송 클럽들이 그 뒤를 이었다. 2006년 12월에는 라를르캥도 문을 닫았다.

샹송 클럽이 역사 속으로 자취를 감추었지만, 뷔트 아 마티외는 퀘벡 샹송의 신화적 명소로 퀘벡인들의 마음속에 여전히 남아있다. 2010년에 질 마티외는 퀘벡 문화 발전은 물론 프랑스어권의 친교와 협력을 위한 공헌을 인정받아 퀘벡 정부로부터 기사 칭호를 받았다. 퀘벡의 언론들은 이 클럽의 30주년(1989년)과 60주년(2019년)을 기념하는 기사를 잊지 않고 내보냈고, 발다비드시의 성당에서는 이 클럽의 고유한 실내장식을 재현하면서 전시회와 공연을 열기도 했다.

퀘벡 샹송의 산실 샹송 클럽

시간의 흐름과 함께 오늘날 대부분의 샹송 클럽이 그 명맥을 잃었지만, 샹송 클럽이 퀘벡의 역사 속에서 수행해온 역할과 그 존재감은 감히 묻힐 수 없는 것이다. 샹송 클럽은 퀘벡의 샹송을 매우 건강하게 발전시키고, 대중문화에 있어서 중요한 위치를 차지하도록 하는데 큰 공을 세운 곳이자, '위대한 퀘벡'을 위한 '조용한 혁명'을 문화적으로 수행하는 공간이었기 때문이다.

1959년부터 1968년까지 샹송 가수들은 가사를 통해 퀘벡의 민족정신을 고취하고 전파하는 데 큰 역할을 한다. 공연을 위한 소박한 장소였던 샹송 클럽은 프랑스어로 퀘벡인들의 정체성을 표현하는 가수들에게 무대를 제공하면서 전역으로 뻗어 나갔다. 연극 작품이나 문학 작품보다 더 쉽게 접근할 수 있고 더 즉각적인 퀘벡의 샹송들은 조용한 혁명의 가장 직접적인 문화 시위 중 하나라고 할 수 있으며, 그런 의미에서 1960년대 샹송 클럽은 퀘벡의 역사적 공간에 속한다. 샹송 클럽이 있었기에 퀘벡인들은 그들의 노래를 캐나다 샹송이 아닌 '퀘벡의 샹송'으로 누릴 수 있었다. 퀘벡 샹송의 정체성과 미학의 출발점인 샹송 클럽은, 조르주 도르 Goerges Dor(1931-2001)가 자신의 노래 <샹송 클럽>에서 표현한 것처럼, 퀘벡인들에게 '그들 노래의 모든 색'을 드러내는 곳인 동시에 '일치를 위한 심장의 떨림을 들을 수 있는 곳'으로 그들에게는 마치 '집'과 같은 곳이다.

테아트르 르 파트리오트

몬트리올 서쪽의 생트아가트데몽Sainte-Agathe-des-Monts시 생브낭 거리 rue Saint-Venant에 있는 '르 파트리오트Théâtre Le Patriote'는 샹송 클럽 유행의 끝물이었던 1967년, 원래 극장이었던 곳에 문을 연 샹송 클럽으로 클로드 뒤부아Claude Dubois와 루이즈 포레스티에등의 가수들을 세상에 선보인 곳이다.

퀘벡 샹송을 위한 공간이었던 이곳이 샹송 클럽의 명맥을 유지하며 현재까지 건재할 수 있는 이유는 레퍼토리의 다양화와 퀘벡의 문화 공간에 부는 시대적 바람을 잘 탔기 때문이다. 르 파트리오트는 우선 재즈, 포크송, 클래식 등으로 공연되는 음악 장르의 폭을 넓혔으며, '여름 극장'이 전성기를 누린 80년대에는 연극에 무대를 내주었고, 90년대에는 새로운 시도의 연극은 물론 뮤지컬, 코미디 무대까지 선보였고, 2000년대에는 '관광'과 '문화'라는 분명한 방향성을 가지고 예술가들에게 사랑받는 유명한 공연들도 함께 올리면서 퀘벡인은 물론 관광객들을 끌고 있다.

공연예술거리와 중심가

노트르담 거리와 생자크 거리는 오랫동안 몬트리올 도심의 경계를 이루고 있었다. 그러나 1960년부터 르네레베크 대로를 따라 새로운 도심이 형성되었다. 이 간선도로의 랜드마크는 46층 복합 고층 빌딩인 플라스 빌마리와 47층 높이의 1250 르네레베크 빌딩이다.

몬트리올의 대학가를 품고 있는 공연예술거리는 도시의 중요한 문화 지구로, 여기에는 '예술 광장'이라는 이름 그대로 다양한 공연을 제공하는 문화예술 복합 단지 '플라스 데자르'가 자리 잡고 있다. 세계 최대 규모의 재즈 페스티벌인 몬트리올 국제 재즈 페스티벌이 열리는 곳도 바로 이곳이다.

공연예술거리의 캐나다 국립영화제작소

공연예술거리

　100년이 넘게 도심에 위치한 공연예술거리Quartier des spectacles는 몬트리올의 대표적인 문화 공간이었다. 19세기 말부터 주요 교육기관들이 자리잡기 시작하였고, 이후 카바레, 극장, 플라스 데자르 등이 들어서면서 대중의 여흥을 위한 공간으로 변모하기도 하였다. 1980년 몬트리올 국제 재즈 페스티벌이 개최되면서 처음으로 야외에서 콘서트가 진행되었고 이후 몬트리올을 상징하는 다양한 대규모 문화행사가 이 거리에서 이루어지게 된다. 몬트리올 도심 동쪽에서 만날 수 있는 공연예술거리는 약 2만 8천 석에 달하는 80여 개의 공연장을 갖춘 다양한 문화기관들이 자리하고 있다. 세계적으로 유명한 몬트리올 국제 재즈 페스티벌이나 프랑스어 노래 축제

몬트리올 공연예술거리의 전경

인 프랑코 드 몽레알Francos de Montréal, 그리고 퀘벡의 유명한 개그 페스티벌인 쥐스트 푸르 리르Juste pour rire를 포함한 영화, 연극, 현대 무용, 음악, 오페라, 버스킹 등 매달 100개 이상의 공연이 야외와 실내 공연장에서 밤낮을 가리지 않고 이 거리에서 펼쳐진다. 비디오 프로젝션 시설이 설치된 9개의 파사드와 8개의 광장을 포함하고 있는 공연예술거리는 해가 지면 조명으로 인해 다른 모습으로 변신하는 매력적인 공간이다.

퀘벡 영화의 산실 캐나다 국립영화제작소

이러한 거리에 위치한 흥미로운 건물 중 하나가 퀘벡 영화를 언급할 때 빼놓을 수 없는 캐나다 국립영화제작소 본부이다. 프랑스어를 영어와 차별 없이 사용해야 한다는 101호 법(프랑스어 헌장)에 의해

ONF 본부의 로고

프랑스어Office National du Film, ONF와 영어National Film Board, NFB로 병기하고 있는 이 기관은 광활한 영토에 사는 캐나다인들이 다른 지역 사람들과 소통하고, 또 캐나다 정부가 제작한 영화를 타국에 보급하기 위해 설립한 국립영화제작소이다. 영상물 제작과 배급을 함께 책임지는 ONF는 전 세계에 캐나다의 전형적인 시각을 보여주기 위해 사회적 성격의 다큐멘터리나 작가주의 애니메이션, 그리고 상업영화와는 결이 다른 픽션 영

화나 다양한 디지털 컨텐츠를 제작하고 있다. 본부는 몬트리올에 있으며 몬튼Moncton, 핼리팩스Halifax, 토론토Toronto, 위니펙Winnipeg, 에드몬튼Edmonton, 밴쿠버Vancouver 등에 제작센터가 있다. 매년 다큐멘터리, 애니메이션, 인터랙티브 영상과 정부 기관 관련 영상 등을 관장하는 네 개의 주요 부서에서 약 80편 정도의 영상물을 제작하고 있다. 2019년에 새로 옮긴 본부는 몬트리올의 공연예술거리 중 발모랄 구역Îlot Balmoral에 자리하고 있다.

ONF의 발자취

이처럼 공연예술거리로 본부를 옮긴 ONF는 제1차 세계대전 중 영화제작 지원을 위해 설립한 '전시 영화위원회 사무국'에서 시작되었는데 전쟁 후에는 다큐멘터리나 뉴스 영화 제작을 담당하였다. 이후 캐나다 정부는 영화산업을 전반적으로 관리할 기구가 필요하다고 판단하여 1939년 수도 오타와Otawa에 ONF를 설립한다. 그리고 새로운 기관의 효과적인 운영을 위해 영국다큐멘터리의 거장인 존 그리어슨John Grierson을 책임자로 초빙하는데 그는 공식적으로 '다큐멘터리'란 용어를 역사상 최초로 사용한 인물이기도 하다. 그리어슨은 영화가 교육의 연장선에 있다고 확신하였기에 그가 지휘한

ONF 본부의 전경

ONF는 다큐멘터리를 통해 국가교육을 전파하는 기구가 되어 캐나다 문화의 중요한 생산기지로 작동하였다. 처음에는 영어권 지역인 오타와에 설립되어 영어로 영화를 촬영하고 그중 일부만 프랑스어로 번역하였지만, 점차 프랑스어권 주민들이 이러한 언어 불평등 상황에 대해 문제를 제기하여 1956년에 ONF의 본부를 몬트리올로 전격 이전하게 되었다. ONF의 프랑스어권 지역 이전은 퀘벡 출신의 영화감독들이 활동할 수 있는 계기가 되었고 결과적으로 ONF는 퀘벡을 대표하는 프랑스어권 영화감독을 배출하는 사관학교의 역할을 담당하게 되었다. 국내에는 많이 알려지지 않았지만, 클로드 쥐트라Claude Jutra, 미셸 브로Michel Brault, 드니 아르캉Denys Arcand, 피에르 페로Pierre Perrault 등 세계적으로 유명한 감독들이 ONF에서 다큐멘터리를 제작하며 퀘벡만의 미학으로 사회를 관찰하고 이미지를 통해 퀘벡을 일깨우려 노력하였던 인물들이다. 퀘벡에서는 예술과 정치의 관계가 아주 밀접한데, 특히 영화가 그러하다. 1759년 7년 전쟁으로 영국에 정복된 이후 퀘벡은 항상 정체성의 문제로 고민하게 된다. 20세기 들어서 탄생한 퀘벡의 영화는 250년 이상 퀘벡 사회가 내포한 이러한 정체성의 문제를 적극적으로 표현하는 데 앞장서 왔다. 이렇듯 퀘벡 영화는 퀘벡의 시대정신을 반영하며 퀘벡인의 현실을 스크린에 투사하였다. ONF를 중심으로 퀘벡 출신 감독들이 이러한 정체성 탐구의 가장 일선에 나섰고 마찬가지로 국립영화제작소도 이들을 지원하며 퀘벡 사회의 정신적, 문화적 발전에 매우 중요한 역할을 하였다.

ONF와 조용한 혁명기의 다이렉트 시네마

몬트리올로 이전한 ONF와 프랑스어권 퀘벡 감독의 결합은 '다이렉트 시네마'라고 하는 혁신적인 스타일의 다큐멘터리를 탄생시킨다. 다이렉트 시네마는 1958년에서 1962년 사이 북미 지역을 중심으로 생겨난 새로운 형태의 다큐멘터리를 지칭하는데, 제2차 세계대전 중 항공촬영을 위해 개발한 경량화된 카메라와 동시 녹음이 용이하고 휴대성이 뛰어난 녹음기의 발명으로 이전과 명백히 구분되는 역동적인 촬영방식의 다큐멘터리 양식을 의미한다. 핸드헬드 카메라를 중심으로 아마추어 촬영과도 같은 과도한 줌의 사용, 그리고 동시 녹음은 기존 다큐멘터리에서는 볼 수 없었던 현장성을 다큐멘터리에 부여하게 되었다.

다이렉트 시네마는 1950년대부터 보급되기 시작한 텔레비전의 위협과 새로운 매체의 특성에 자극받은 영화가 대응하였던 하나의 방법이라고도 볼 수 있다. 당시 새로운 매체로 등장한 텔레비전은 '라이브'라고 하는 생방송 개념을 처음으로 도입하였다. 이에 비해 영화는 상영 시점에서 보면 항상 과거에 촬영한 영상을 편집한 결과물이기에 지금, 현재 스크린에 펼쳐지는 세계를 보여준다는 설정이지만 결과적으로는 과거의 이미지일 수밖에 없다. 영화가 가진 이런 한계를 뛰어넘고 새로운 매체에서 제안하는 방식을 영화에 결합하고자 노력한 형태가 바로 다이렉트 시네마이다. 이러한 개념에서 출발한 새로운 형태의 다큐멘터리는 기존 다큐멘터리가 추구한 객관적 관찰이라는 신화를 거부하고 핸드헬드 카메라라고 하는 주관적인 방식의 촬영으로 현실에 참여하는 양상을 보여주었다. 이러한 카메라의 현실 참여는 1950년대 후반 시작되는 '조용한 혁명'이라는 퀘벡 사회의 변화 지점에서 프랑스계 주민들에게 그들의 현실을 보여주며 각성하는 계기를 마련해주었다. 또 창의적이고 새로운 형태의 다큐멘터리를 만들어내면서 미학적으로도 세계의 주목을 받기도 하였다. 미국 중심의 다큐멘터리 연구에서는 로버트 드루와 리처드 리콕이 미국 민주당 예비선거를 촬영한 <프라이머리Primary>(1960)를 최초의 다이렉트 시네마로 간주하고 있다. 하지만 제작연대를 비교해보면 ONF의 미셸 브로가 질 그루Gilles Groulx, 마르셀 카리에르Marcel Carrière와 함께 셰르브룩Sherbrooke의 겨울 축제를 촬영한 <설피를 신은 사람들Les raquetteurs>(1958)이 최초로 다이렉트 시네마 방식으로 제작한 다큐멘터리가 된다. 이렇듯 ONF는 영국계 주도로 설립한 캐나다의 국립영화제작소에서 출발하였지만, 몬트리올로 이전하면서 퀘벡의 '조용한 혁명'이라는 사회 혁신에 적극적으로 참여하였고 이러한 영화의 앙가주망이 영화사에서 가장 혁신적인 영화 양식인 다이렉트 시네마를 탄생시키게 된 것이다.

ONF 출신의 대표적인 다큐멘터리 감독

1939년에 설립되어 80년이 넘는 역사를 지닌 ONF 출신의 다큐멘터리 감독은 헤아릴 수 없을 만큼 많다. 수많은 감독 모두가 훌륭한 연출가이자 전문기술자였지만 여기서는 퀘벡의 이해라는 맥락에서 아주 일부만 간략하게 소개하려고 한다.

미셸 브로 - 퀘벡 현대사의 미학적인 기록

미셸 브로는 ONF를 대표하는 프랑스계 다큐멘터리 감독이다. 평생에

최초의 다이렉트 시네마 <설피를 신은 사람>들 화면

걸쳐 다큐멘터리를 제작하였지만 픽션 영화도 제작하였다. 특히 1975년 칸 영화제는 미셸 브로가 퀘벡 현대사의 가장 아픈 기억인 '10월의 위기'를 주제로 제작한 픽션 영화 <공적 명령 Les ordres>에 최우수 연출상을 수여하였다. 최초의 다이렉트 시네마인 <설피를 신은 사람들>을 연출하고 다양하고 창의적인 다큐멘터리를 제작하여 세계적으로 명성이 높지만, 프랑스어를 사용하는 퀘벡 출신이라 영어권을 중심의 국내 주류 영화연구에서 주목받을 수 없었고, 또 프랑스 감독이 아니라 프랑스 영화연구 분야에서도 조명받지 못하여 국내에는 알려지지 않았다. 하지만 프랑스의 사회학자 에드가 모랭Edgar Morin과 민속지학 다큐멘터리 대가 장 루쉬Jean Rouch가 시네마-베리테cinéma-vérité의 개념을 주창한 다큐멘터리 영화로 유명한 <어느 여름의 연대기Chroniques d'un été>(1961)의 컨셉에서부터 촬영에 이르기까지 아주 많은 도움을 주었을 정도로 미셸 브로는 세계적으로 인정받는 다큐멘터리 감독이었다. 다큐멘터리 역사와 진보 과정에서 큰 획을 그은 다이렉트 시네마의 개척자이자 평생을 퀘벡의 현실을 냉정하면서도 따뜻한 시선으로 보여주려 노력하였고 '조용한 혁명기'에서 퀘벡의 현대화 시기에 이르는 동시대 사회를 카메라로 기록했던 감독이다.

질 그루 - 퀘벡의 사회적 앙가주망

질 그루는 미셸 브로와 함께 <설피를 신은 사람들>을 제작하였는데, 그 자신이 영화를 연출하기도 하지만 편집 전문가이기도 하다. 몬트리올의 서민 지역인 생앙리 출신으로 동시대 감독 중 사회참여에 가장 관심이 많았던 인물로 알려져 있다.

〈가방 속의 고양이〉 한 장면

베르나르도 베르톨루치 그리고 장뤽 고다르와 친했으며 퀘벡 사회를 날카롭게 비판하였던 감독이다. 그는 퀘벡 대중의 삶의 양상이나 미디어의 양태뿐 아니라 사회참여에 미온적인 지식인도 주저 없이 비판하였다. 이런 연유로 퀘벡의 대표적인 민족주의 감독인 피에르 팔라르도가 가장 영향을 많이 받았던 감독이기도 하다. 독학으로 영화를 배운 뒤 재능을 인정받아 라디오카나다의 텔레비전 부서에서 편집을 담당하였고 이러한 경험은 이후 ONF에서 편집 전문가로 일할 때 자신만의 편집 철학을 가질 수 있었던 밑바탕이 되었다. 따라서 미학적인 편집과 놀라운 분석력을 보여주는 감독으로 널리 알려져 있다. 대부분의 ONF 출신 감독들처럼 다큐멘터리를 직접 촬영하거나 제작에 참여하였고 또 픽션 영화를 제작하기도 하였는데, 특히 그의 대표작 <가방 속의 고양이 Le Chat dans le sac>(1964)는 퀘벡의 대표적인 영화이다. 영화는 20대 초반의 젊은 커플이 맞닥뜨리는 삶의 어려움을 얘기하고 있지만 사회적 선택에 있어 퀘벡 대중의 정치적 성숙도라는 복잡한 문제를 은유적으로 표현한 걸작이다. 이 영화는 지금도 퀘벡 영화와 문화의 발전에 결정적인 역할을 한 작품으로 간주되고 있다.

피에르 페로 – 퀘벡 전통의 기록

1950년대 후반 시작된 '조용한 혁명기'의 주요 쟁점 중 하나는 '퀘벡인'이라는 새로운 정체성을 확립하려는 것이다. '프랑스계 캐나다인'에서 '퀘벡인'이라는 새로운 정체성의 정립은 거대하고 험난한 자연에 맞서 퀘벡 사회를 일구었고 또 영국의 지배를 받았지만 자신들의 뿌리를 지켜냈다는 자부심에서 출발한다. 따라서 이 시기의 퀘벡인은 자신들의 고유한 문화를 발견하고자 하였고 이러한 정체성 확립에 앞장섰던 대표적인 감독이 바로 피에르 페로이다. 작가이자 시인이며 라디오 방송 PD로도 활동하였고 음향 전문가로 영화계에 입문한 페로는 촬영전문가인 미셸 브로와 함께 ONF를 대표하는 다큐멘터리 감독이었다. 특히 미셸 브로와 협업하여 제작한 <다음 세대를 위하여Pour la suite du monde>(1963)는 퀘벡 정부가 '역사 유산'으로 공식 등재하였고 1963년에 캐나다 영화 최초로 프랑스의 칸 영화제 공식 경쟁 부분에 진출하면서 전 세계에 퀘벡을 알리는 계기가 되었다.

이 다큐멘터리는 생로랑강의 생폴만(灣)Baie-Saint-Paul에 면해 있는 쿠드르섬Île aux Coudres에서 1924년 이후 명맥이 끊긴 전통적인 쇠돌고래잡이와 이 섬 주민들이 사용하는 언어를 다이렉트 시네마 방식으로 촬영한 것이다. 이 영화는 세대를 이어 전래되던 사냥법과 언어를 다음 후세에 전

달하려는 목적에서 민족지학 성격으로 제작한 다큐멘터리로 약 1년에 걸쳐 지역의 전통적인 방식으로 쇠돌고래를 잡아 뉴욕의 동물원에 넘길 때까지의 과정을 추적하여 기록하고 있다. 이 다큐멘터리는 다이렉트 시네마 특유의 핸드헬드 카메라 방식과 자연광을 이용하고 동시녹음 기술을 사용하며 쿠드르 섬을 당대 다큐멘터리 미학에서 가장 앞선 실험장으로 만들었다. 새로운 기법의 다큐멘터리는 전통적인 다큐멘터리

〈다음 세대를 위하여〉

와의 결별을 의미하고 동시에 과거를 탈피하고 새로운 정체성 찾으려던 하였던 '조용한 혁명기'의 정신에 부합하는 것이었다. 기존 다큐멘터리가 사건과 사람에 대한 인터뷰 중심이었다고 한다면 이 다큐멘터리는 사전 제작보다는 섬 주민들이 사냥하는 과정이 자연스럽게 다큐멘터리의 흐름에 일치하도록 만들었다. 내레이션 보다는 주민들의 자연스러운 대화가 영상의 내용을 설명하도록 배치하여 다음 세대의 퀘벡인에게 전달하는 영상 메시지를 만든 것이다. 형식과 내용을 혁신한 새로운 다큐멘터리는 전통이라는 내용을 가장 새로운 형식에 담아내었다는 데서 그 가치를 찾을 수 있다.

플라스 데자르

플라스 데자르Place des Arts는 캐나다에서 가장 큰 공연예술단지로, 몬트리올이 금융으로 대표되는 국제 도시일 뿐 아니라 예술과 문화의 도시임을 공고히 하는 장소다.

공연예술거리 풍경. 뒤에 보이는 하얀 건물이 플라스 데자르

라탱 지구, 옛 항구, 중심가 사이에 위치한 이곳은 한 도시 수장의 빛나는 기획력이 그 도시에 얼마만큼의 생명력을 불어넣을 수 있는 지 잘 보여주는 곳이기도 하다. 1954년부터 1957년까지, 또 1960년부터 1986년까지 긴 시간 몬트리올 시장을 지낸 장 드라포Jean Drapeau(1916-1999)는 몬트리올에 지하철을 건설했을 뿐 아니라 1967년에는 엑스포, 1976년에는 몬트리올 올림픽 유치까지 이뤄내며 몬트리올의 위상을 전 세계에 구가한 '몬트리올의 얼굴'이었다. 그는 "대중은 기념물들은 원한다"고 믿었다. 몬트리올에 국제적 수준의 현대적인 문화시설을 만들기를 원했던 그의 뜻이 구현된 것이 바로 플라스 데자르다.

1950년대 말, 시장의 뜻에 따라 몬트리올은 현대식 콘서트 공간을 기획

한다. 1963년, 3년의 공사 끝에 그랜드 홀Grande Salle이라 명명된 공연장을 시작으로, 플라스 데자르가 개관한다. 훗날 윌프레드펠레티에 홀Salle Wilfreid-Pelletier로 이름이 바뀐 이 공연장은 3,000석의 규모로 캐나다에서 가장 큰 다용도 공연장이다. 엑스포67을 위해 건립된 포르루아얄 극장 Théâtre Port-Royal과 매조뇌브 극장Théâtre Maisonneuve은 연극 극단들이 공연하는 최고의 장소가 된다. 포르루아얄 극장은 현재 장뒤세프 극장 Théâtre Jean-Duceppe으로 이름이 바뀌었다. 퀘벡의 1세대 샹소니에로서 400여 곡의 샹송과 뮤지컬 음악을 남긴 클로드 레베이에Claude Léveillée(1932-2011)의 이름을 딴 클로드레베이에 홀은 128석 규모로 플라스 데자르에서 가장 작은 공연장이다.

이후 공연장들이 추가로 건립되면서, 플라스 데자르는 6개의 공연장에 총 8,000개의 좌석을 갖춘, 캐나다 최대의 복합문화공간이 되었다. 한편 몬트리올 심포니 오케스트라뿐 아니라 캐나다 최초의 현대미술관인 몬트리올 현대 미술관Musée d'art contemporain de Montréal도 이곳으로 자리를 옮겼다.

플라스 데자르는 일 년 내내 대규모 공연들을 원활히 진행할 수 있게 하기 위해 에스플라나드Esplanade를 만드는 대공사를 진행, 2019년 개장했다. '에스플라나드'는 지상으로는 광장이지만 지하로는 여러 시설물들이 있는 곳으로, 외부 광장은 서로 다른 공연장을 연결해 주며 공연예술 거리의 심장부를 이루고 있다.

몬트리올 국제 재즈 페스티벌, 프랑스어권 축제, 유머 축제, 빛 축제, 크리스마스 마켓 등을 포함한 몬트리올의 많은 축제들이 플라스 데자르를 중심으로 개최된다.

몬트리올 지하 도심

몬트리올 지하 도보전용 지구, 레조

보통 몬트리올 언더그라운드 시티라고 불리는 이곳의 공식명칭은 레조 RÉSO로, 몬트리올 지하 보행자 도로망réseau piétonnier souterrain de Montréal을 의미한다. 레조는 시내의 비즈니스 중심 지구를 형성하는 일련의 상호 연결된 오피스 타워, 호텔, 쇼핑센터, 주거 및 상업 단지, 컨벤션 센터, 대학 및 공연예술 장소에 적용되는 이름이다. 60여 개의 주상복합건물, 사무용 빌딩, 상업시설과 행정시설 그리고 7개의 지하철역과 중앙역 등 거의 모든 도심 전체가 보행자 전용 지하 통로로 연결된 곳이다. 진정한 의미의 도시 아래 도시인 몬트리올 지하 도심은 32킬로미터의 터널로 이루어졌으며 매년 약 1억 8,300만 명의 방문객이 다녀간다.

도심의 미로

지하 도심은 지상의 주요한 상업시설들을 연결한다. 지하를 통해 연결된 대표적인 상업시설로는 데쟈르뎅 쇼핑센터Complexe Desjardins, 이튼 백화점Centre Eaton, 꾸르 몽루아얄 쇼핑센터Cours Mont-Royal, 플라스 몽레알

트러스트 쇼핑몰Place Montréal Trust, 프로므나드 카테드랄 쇼핑센터Promenades Cathédrales, 플라스 빌마리 쇼핑센터Place Ville-Marie 등이 있다. 또한 몬트리올 대표적 주상복합건물과 오피스 타워 등도 지하 통로로 연결되는데, 특히 몬트리올 컨벤션 센터와 몬트리올 세계무역센터가 위치한 국제 지구 역시 접근이 가능하다.

지하 도심에는 몬트리올 지역 상점의 12%를 차지하는 약 1,700여 개의 상점들이 있어 머리에서 발끝까지에 필요한 모든 것을 구할 수 있다. 그뿐 아니라 200여 개 식당이 몬트리올 지하 도심에 있다. 특히 타임아웃 마켓 Time out market에 가면 몬트리올 대표적 식당들이 모여 있어 다양한 음식을 맛볼 수 있으며, 마르셰 아르티장Marché Artisans에는 식물 조경이 훌륭한 식당, 유명 호텔 지하의 고급 식료품점과 테이크아웃 레스토랑, 베이커리 등을 만날 수 있다.

몬트리올 지하 도심은 예술의 상징적 공간들과 연결되기도 한다. 대표적인 장소로 플라스 데자르, 몬트리올 현대 미술관 등이 있다. 또한 2008년부터 시작된 지하 예술 페스티벌Festival Art Souterrain은 지하 도심을 대중 예술의 공간으로 만들었다. 2월 20일부터 4월 30일까지 7주 동안 이루어지는 페스티벌 기간 동안 지하 도심에서는 다양한 예술가들의 공연이 펼쳐진다.

역사

몬트리올 지하 도심은 장 드라포 시장이 추진한 몬트리올 현대화 계획의 일환으로 빌마리 광장Place Ville Marie이 조성되면서 시작됐다. 빌마리 광장은 1960년 십자형 45층 건물인 로열 뱅크 타워가 들어서고, 이어서 1963년-1965년 주변에

몬트리올 지하 도심

다른 비즈니스 타워들이 건설되면서 완성됐다. 그리고 빌마리 광장 아래에 상점과 식당들이 들어서면서 몬트리올 지하 도심의 역사가 시작됐다. 1967년 12월 6일 빌마리 광장과 보나방튀르 광장Place Bonaventure 그리고 몬트리올 중앙역을 잇는 보나방튀르 통로Passage Bonaventure가 완성됐다. 이 통로는 세계 최초 도심 보행자 전용 터널이며, 몬트리올 지하 도심의 첫 터널이다. 당시 이 통로의 길이는 4.8킬로미터였으며, 10개의 오피스 타워를 연결하고, 240개의 상점, 36개의 식당, 4개의 영화관으로의 접근을 가능하게 했다.

몬트리올 지하 도심 조성계획을 실행하고 담당한 사람들은 도시계획 전문가 뱅상 퐁트Vincent Ponte가 이끄는 팀이었다. 뱅상 퐁트 팀은 교통수단과 보행자를 다른 높이에 위치시키고자 했던 레오나르도 다빈치의 아이디어에 영감을 받아 지하 도심을 구상했다고 한다. 실제로 지하 도심을 발생시킨 개념은 교통수단과 보행자를 분리시켜 현대 사회의 교통 문제를 개선하고자 했던 의지에서 출발한 것이다.

1960년대에 몬트리올이 빌마리 광장과 플라스 데자르 조성, 엑스포 67 개최와 아비타67 건설 등을 통해 국제적 도시로 도약하는 데 있어 지하 도심 건설도 중요한 역할을 했다.

생트카트린 거리, 맥주 그리고 술 문화

금주령과 '씬 시티'라는 오명의 기원

몬트리올의 술 문화를 말할 때, 사람들이 제일 먼저 떠올리게 되는 지역은 몬트리올을 동서로 길게 가로지르는 생트카트린 거리와 생 로랑 대로가 교차하는 곳일 것이다. 이곳은 1920년대부터 1960년대에 이르기까지 술집, 카바레, 스트립 클럽, 불법 도박장 그리고 '레드 라이트Red light'라고 불리

카페 클레오파트라

던 홍등가가 있었던 곳이었기 때문이다.

1920년부터 1933년까지 미국에서 있었던 금주령의 영향으로 술과 저녁 놀이를 즐기고 싶어하던 미국인들이 몬트리올로 몰려오면서 이곳은 유래

없는 호황기를 누리게 된다. 캐나다도 미국처럼 금주령을 내리고 있었지만 음주에 다소간 너그러운 편인 프랑스계 캐나다인들이 사는 퀘벡에서는 애초부터 금주령을 반대했다. 그리고 이런 반대에도 불구하고 추진된 금주령에 대해서 다시 제한 완화 여부를 묻는 찬반투표에서는 78.62%나 되는 주민들이 찬성표를 던졌기 때문에 퀘벡 정부는 술의 제조와 판매를 일부 허용하고 있었기 때문이었다. 여기서 '일부'라고 한 것은 포도주와 시드르, 맥주 같은 알콜 도수가 약한 술을 허용하고, 스피리츠와 같이 알콜 20%이상의 증류주를 금지했기 때문인데, 이런 금지에도 불구하고 여전히 암묵적으로는 독주들도 유통되고 있었다고 한다. 시카고의 유명한 마피아 두목이었던 알 카포네는 이를 이용하여 몬트리올과 퀘벡에서 불법적으로 제조한 술을 시카고로 밀수하기도 했다.

　이런 배경에서 몬트리올은 이 시기에 죄악이 넘치는 도시라는 뜻의 '씬 시티Sin city' 혹은 '리틀 시카고'라는 오명을 얻게 되었다. 이때 있었던 홍등가와 대다수의 카바레, 스트립 클럽들은 1960년대 초에 몬트리올 시장인 장 드라포가 이 지역에 문화공연 복합 시설인 플라스 데자르를 세우면서 서서히 자취를 감추게 되었다. 그러나 아직까지도 '카페 클레오파트라Café Cléopâtre'와

몬트리올 풀 룸

같은 스트립 클럽과 1927년부터 장사를 해 온 '미드웨이 선술집Taverne Midway', 그리고 술 마시던 사람들이 밤늦게 허기를 달랠 수 있던 핫도그 가게인 '몬트리올 풀 룸Montreal Pool Room' 등이 영업을 이어가고 있다. '몬트리올 풀 룸'은 1912년부터 물에 삶아 낸 핫도그 소시지hot-dog steamé를 빵에 끼워 팔아 왔다. 이 가게의 이름인 '풀 룸' 뜻 그대로 당구대가 있는 가게였지만, 1993년 모뉘망 나시오날 극장 옆에 있었던 가게 건물이 극장 보수공사로 철거되자, 바로 앞쪽으로 이사를 하면서 당구대는 더 이상 가게 안에서 볼 수 없다. 미셸 트랑블레의 소설 속에서는 주인공이 이 핫도그가 먹고 싶어 더위 속에서 먼 길을 걸어가 기어이 가게에 가서 핫도그를 먹는 장면이 나오기도 한다. 레너드 코헨이나 알 카포네 등이 이 가게의 단골이었다고 하는데, 특히 알 카포네는 이곳에서 핫도그를 먹으며 당구를 쳤다고 한다.

맥주와 퀘벡주류공사

몬트리올에서 술과 관련된 역사를 되짚어 보려면, 도시가 처음 세워졌을 무렵인 1642년경까지 거슬러 올라가야 한다. 항구 근처에 있었던 몬트리올 세관에서 주류 수출로 얻은 수익은 이때부터 이 지역의 중요 수입원이 되었기 때문이었다. 몬트리올 사람들은 맥주와 사과 발효주 시드르, 포도주 혹은 스피리츠를 조금씩 생산하기 시작했지만 수입하는 주류에 비해 상업적인 성공은 이루지 못했다. 사실 이 시기에 사람들이 수입 주 외에 많이 마셨던 것은 '에피네트 맥주 biére d'épinette'였다. 이 맥주는 홉 대신에 솔잎을 사용하여 전통 방식으로 만들었지만, 사실상 알콜이 들어가지 않은 발포성 음료였다. 1786년 영국계 이민자인 존 몰슨John Molson이 처음으로 생 로랑 강과 노트르담 동쪽 거리 사이에 맥주 양조장을 차리면서 주류 산업은 크게 성장하게 된다. 몰슨 맥주는 캐나다에서 가장 역사가 오래된 맥주 회사이며, 지금까지도 여전히 캐나다와 퀘벡을 대표하는 맥주가 되었다. 몰슨의 양조공장은 2017년에 몬트리올 외곽지역으로 이사했으며, 구 몰슨 건물은 앞으로 박물관이나 수제맥주집으로 활용할 계획이라고 한다.

  사람들이 흔히 가지는 선입관이 퀘벡의 대다수 주민들이 프랑스계 캐나다인이기 때문에 프랑스 사람들처럼 맥주보다는 포도주를 선호할 것이라는 것인데, 사실 꼭 그렇다고는 할 수 없다. 퀘벡과 몬트리올에 처음 이주해온 프랑스인들은 포도주보다는 시드르와 맥주를 많이 마시는 지

몰슨 맥주 공장

역 출신이기도 했고, 또 특히 몬트리올의 경우 노동자들이 싼 값에 쉽게 구해 마실 수 있는 술은 포도주보다는 맥주였기 때문이기도 했다. 앞서 기술한 바와 같이, 캐나다와 퀘벡은 1920년대부터 전면적인 금주령 혹은 부분적인 금주령이 내려졌고, 이때부터 퀘벡주 정부는 퀘벡주류공사Société des alcools du Québec : SAQ의 전신인 퀘벡주류협회Commission de liqueurs de Québec를 세워 주류 생산과 유통을 통제하기 시작했으며, 특히 생산을 금지시켰던 증류주의 관리 감독에 나선다. 금주령 이후에 퀘벡주류공사는 포도주나 맥주와 같은 술 종류에 대해서는 수퍼나 편의점 등과 같은 소매업장에서도 판매를 허가했지만, 알콜 도수가 높은 증류주에 대해서만은 여전히 허가를 주지 않고 퀘벡주류공사가 직영하는 매장에서만 판매하도록 하고 있다. 그리고 1980년대에 이르러서 다른 변화의 바람이 불었는데, 그것은 퀘벡주류공사가 수제맥주의 생산과 판매를 허가했기 때문이다. 그 덕에 르슈발 블랑Le Cheval Blanc이나 위니브루Unibroue와 같은 수제맥주집이 생겨났고, 정부가 추가적으로 유통까지 규제를 풀자 큰 기업으로 성장하게 되었다. 현재 퀘벡에는 150개가 넘는 수제맥주집이 있으며, 그 중에 44곳이 몬트리올에 있다. 몬트리올의 대표적인 수제맥주집으로는 '하느님 맙소사!'라는 뜻의 디외 뒤 시엘!Brasserie Dieu du Ciel!과 생우블롱 Saint-Houblon을 예로 들 수 있으며, 주로 IPA계열의 맥주를 선보이고 있다.

생카셋의 문화

몬트리올에서 한국처럼 직장 동료들끼리 회식을 하는 광경은 쉽게 찾아 볼 수 없지만, 그 대신 '생카셋Cinq à sept'이라는 모임을 가지는 경우는 종종 목격이 된다. '생카셋', 번역하자면 '5에서 7까지'가 의미하는 것은 직장 근무를 끝낸 5시부터 7시 사이에 동료나 친구들끼리 바나 맥줏집에 모여 식전주를 함께 나누면서 대화하다가 저녁식사 시간이 되면 뿔뿔이 헤어지는 것을 말한다. 저녁은 생카셋 이후에 각자 알아서 해결하기 때문에, 안주를 시키지 않거나 아주 간단한 안주만을 곁들이게 되며, 맥줏집이나 바들은 이 시간대에 술을 할인해서 팔기도 한다. 어떻게 보면 미국에서 사용하는 '해피 아워happy hour'라는 말과 비슷한 개념일 수도 있다. 그러나 해피 아워가 손님이 드문 특정시간대에 가격할인을 전면에 내세워 술 소비를 권장하는 술집의 상술에 방점을 둔 것이라면, 생카셋은 동료들 간의 퇴근 후 가지는 간단한 모임이라는 의미가 더 크다.

몬트리올에서 만나는 레너드 코헨, 몬트리올 벽화

레너드 코헨과 몬트리올

몬트리올 시내 크레상 거리rue Crescent 1420번지의 건물 옆면에는 초상화가 그려져 있다. 22층 건물의 한 면 전체를 차지한 그 벽화는 몽루아얄 언덕의 전망대에서도 선명하게 보일 정도로 거대하다. 희끄무레한 수염에 트레이드 마크인 중절모를 쓰고 오른 손을 가슴에 얹은 그 벽화의 주인공은 앨범 <I'm your man>

크레상 거리의 레너드 코헨 벽화

(1988)으로 한국에서도 잘 알려진 싱어송라이터 레너드 코헨(1933-2016)이다. 이 벽화는 레너드 코헨의 딸이 찍은 사진을 바탕으로 엘 막El Mac과 진 펜돈Gene Pendon이 그의 서거 1년 후인 2017년 완성했다. 이것보다는 크

기가 조금 작지만 몬트리올에는 코헨의 얼굴을 그린 또 다른 벽화가 있다. 코헨이 말년을 보낸 발리에르 거리rue Vallière 28번지에서 매우 가까운 나폴레옹 거리rue Napoléon 67-53번지의 10층 건물 벽에 그려진 높이 40m 크기의 벽화다. 이 그림은 케빈 레도Kevin Ledo의 작품으로 마찬가지로 2017년에 완공됐다.

레너드 코헨은 '음유시인'이라는 수식어가 익숙하지만 사실 그는 소설가, 시인, 영화인, 화가 등 다양한 예술 활동을 했다. 그는 몬트리올 출신이다. 몬트리올시의 벽화 홍보 사이트에서는 그를 몬트리올의 DNA를 구성하는 아티스트라고 설명하고 있다.

레너드 코헨은 영어 사용자들이 모여 사는 웨스트마운트 구역에서 태어나고 거기서 초등학교, 중학교, 고등학교를 다녔으며 대표적인 영어권 대학인 맥길 대학교를 졸업했다. 코헨은 전형적인 몬트리올 토박이, 그 중에서도 전형적인 영어 사용자에 속한다. 그렇지만 그는 프랑스어에 대한 호감을 숨기지 않았고, 퀘벡의 정치적 독립을 주장하는 '퀘벡민족주의운동'이 한창일 때 이 흐름에 동조하기도 했다. 1970년 5월 콘서트를 위

나폴레옹 거리의 레너드 코헨 벽화

해 방문한 파리에서 프랑스 일간지 르몽드와 가진 대담에서 코헨은 자신이, 프랑스어 사용자들에게 적대적인 60년대 영어권 몬트리올에서 당시 태동하던 퀘벡 분리주의자들과 교류한 최초의 사람들 중 하나라고 말한다. 그리고 그 이유를, "퀘벡의 프랑스어 사용자들이 북아메리카에서 프랑스의 흔적이 모두 사라지는 것을 받아들이지 않기 때문에 나는 그들에게 친밀감을 느낀다"고, 또 "그 시절에 나를 사로잡은 것은 아메리카 대륙의 한 작은 구석에서 무엇인가를 이루기 위해 노력하는 사람들의 고립"이라고 밝힌다. 그는 영어권 전통에서 자랐지만, 당시에 적대적이었던 프랑스어권 퀘벡인들에 대해서 정서적 유대감을 갖고 있었던 것이다.

한편 코헨은 유태계 가정에서 태어났다. 그의 할아버지는 '캐나다 유태인 회의'의 초대 회장이었으며, 캐나다 최초의 영어 유태계 신문인 '캐나디안 주이쉬 타임즈'의 설립자였다. 코헨도 평생 유태교 신자로 살았다. 그는 순회 공연 중에도 안식일을 지켰고, 1973년 이스라엘-아랍 전쟁 때는 이스라엘을 위한 노래를 부르기도 했다. 그가 2016년부터 지금까지 잠들어 있는 곳도 몬트리올 몽루아얄 언덕의 유태인 묘지인 샤르 해쇼마임 Sharr Hashomayim이다. 그는 신실한 유태교 신자였지만 다른 종교에 대해서 배타적이지는 않았다. 그가 말년에 불교에 심취했던 것은 잘 알려진 사실이다. 그리고 코헨의 어머니는 러시아 출신이었고, 어린 코헨에게 영어 노래보다는 동유럽 유태인들이 사용하는 이디시어와 러시아어 노래를 불러주었다고 한다. 한 마디로 레너드 코헨은 다양한 문화적 배경에서 자랐고, 이 문화적 다양성은 다문화적 도시로서의 몬트리올의 정체성과 맞닿는 부분이라고 할 수 있다.

벽화 21세기 몬트리올의 트레이드 마크가 되다

몬트리올에는 레너드 코헨의 얼굴만 그려져 있는 것이 아니다. 도심의 고층건물, 주차장의 담벼락, 골목의 주택 등, 벽이 있는 곳에는 수많은 그림들이 있다. 몬트리올시의 스트리트 아트 홍보 사이트 https://ville.montreal.qc.ca/murales/galerie 는 벽화를 감상할 수 있는 지점을 소개하고 있는데, 2022년 봄 현재 마지막 번호는 264번이다. 몬트리올 시내에는 찾아가볼 만한, 시에서 공식적으로 소개하는 벽화가 260개 이상이라는 말이다. 이러한 벽화들은 시내 어느 곳에서도 볼 수 있지만, 생로랑 대로 Boulevard Saint-Laurent 쪽에 특히 밀집되어 있다.

몬트리올의 벽화는 주제 또한 무척 다양하다. 레너드 코헨처럼 퀘벡 출신이거나 퀘벡에서 활동한 유명한 인물들, 예를 들어 소설가 미셸 트랑블레와 다니 라페리에르, 여배우 자닌 쉬토, 재즈 피아니스트 오스카 피터슨, 가수 알리스 로비 등의 인물화가 있는가 하면, 정물화와 풍경화도 있고, 수퍼 히어로 영화의 주인공과 애니메이션 캐릭터를 소재로 한 그림도 있으며, 추상적인 디자인 작품도 있다. 당연히 시사적인 그림들도 있다. 2020년 11월에 코로나 바이러스를 증언하기 위한 벽화가, 2022년 2월 러시아의 우크라이나 침공 이후에 우크라이나의 평화를 기원하는 벽화가 만들어진 것이 그 대표적

몬트리올 벽화

인 예다.

다양한 주제의 수많은 벽화들은 몬트리올 도시 자체를 하나의 거대한 미술관으로 만든다. 그 미술관은 작품 감상을 원하는 사람들에게만 허락된 공간이 아니다. 일반적인 미술관은 제한된 공간을 제공함으로써 원하는 사람들이 작품을 감상할 기회를 준다. 이때 공간은 작품을 보호하는 동시에 관심 없는 사람들로부터 차단하는 역할을 한다. 하지만 몬트리올의 벽화는 그렇지 않다. 도시 곳곳에 자리 잡은 벽화들은 자연스럽게 사람들의 시야에 들어온다. 시민들이나 혹은 관광객들은 도시를 돌아다니면서 무료로 미적 경험을 하고 사회적 메시지를 읽고 역사를 생각하면서 다른 사람의 이야기를 듣고 자신의 이야기를 되새긴다. 그런 의미에서 몬트리올의 벽화는 사람과 도시, 그리고 사람과 사람을 이어주는 역할을 한다. 벽화는 몬트리올 시민들 사이의, 시민들과 방문객들 사이의 공감의 매개체라고 할 수 있다.

벽에 형상을 새기거나 그리는 행위는 가장 오래된 예술 양식의 하나다. 선사시대 동굴벽화부터 60년대 뉴욕에서 태동한 그래피티까지, 건물 내외 벽에 그려진 벽화는 문명의 역사이며 예술의 역사다. 그 양식적 특성과 시대적 배경이 어떻든 간에, 하나의 예술 장르로서 벽화에서 가장 중요한 기능은 바로 공동체 구성원 사이의 소통과 공감을 만들어내는 사회적 기능이다. 프랑스의 소설가이고 미술 비평가이며 드골 정부에서 문화부장관이기도 했던 앙드레 말로는 1930년대 스페인 내란을 소재로 한 소설 『희망』에서 이러한 벽화의 기능에 대해 이야기한다. 이 소설의 한 작중인물인 로페즈는 도처에 있는 빈 벽을 예술가들에게 제공하고, 그들이 대중에게 하고 싶은 말을 그림으로 표현하면, 매일 그 앞을 지나가는 수많은 사람들과 투쟁의 공감대를 형성할 수 있다고, 그 때 벽화는 걸작이기보다는 하나의 스타일, 하나의 언어로 태어난다고 말한다. 1930년대 스페인에서 프랑코의 독재 정권에 맞서 싸우는 공화주의자들에게 벽화는 중세 유럽에서 악마와 싸우던 성당의 역할을 하는 셈이다. 말로가 강조한 이 벽화의 사회적 기능은 '전복', '저항'의 키워드로 읽히는 60년대 뉴욕의 그래피티 벽화에도 그대로 적용될 수 있다.

21세기 몬트리올의 벽화도 이러한 소통의 시각에서 해석된다. 몬트리올에서 벽화는 시민과 행정 당국의 협조로 매우 체계적으로 창작되는데, MU라는 단체가 그 중심에 있다. 비영리단체 MU는 일상에서 예술을 감상하고 경험할 수 있도록 벽화를 창작한다는 목표로 2007년 생미셸 지구에 최초의 벽화 프로젝트를 진행한 이후 지속적으로 사업을 확대하고 있다. MU의 홈페이지에 소개된 두 가지 원칙은 이 소통의 시각을 강조하고 있는데, 하나는 모든 작품은 그 작품이 자리한 장소와 공동체를 위해서 의미를 가져야 한다는 것이며, 다른 하나는 모든 프로젝트의 중심에는 시민이 있어야 한다는 것이다. 벽화 제작 지원 외의 MU의 주요 사업, 즉 몬트리올의 청소년을 대상으로 한 벽화 창작 교육 프로젝트와 예술가 지원 사업도 이러한 시민과 도시의 소통을 장기적으로 원활하게 하려는 의도라 할 수 있다. 앞서 소개한, 레너드 코헨에게 헌정된 벽화는 MU의 100 번째 프로젝트였다. 한편 매년 6월이면 벽화 페스티벌도 진행된다.

벽화는 21세기 몬트리올의 정체성을 형성하는 하나의 트레이드 마크다. 그리고 그것은 현재진행형이다.

오슐라가

오슐라가Hochelaga는 프랑스 탐험가 자크 카르티에가 두 번째 퀘벡 탐험 기간(1535-1536) 중 방문한 원주민 마을을 가리킨다. 오슐라가는 이로쿼이어로 '비버들의 오솔길'이라는 의미이다. 1535년 10월 3일 자크 카르티에 일행은 현재 몬트리올 옛 항구 근처에 배를 정박했다. 당시 오슐라가 마을은 몽루아얄 언덕에 인접한 옥수수 밭 한복판에 위치했다고 한다. 오슐라가 마을은 이로쿼이족 집단이 1200년-1600년 동안 생로랑강 주변 계곡에 정착하여 살았던 곳과 연관이 있다고 추정한다.

오슐라가 마을 형태

자크 카르티에의 증언에 따르면 오슐라가 마을에는 50여 채의 장방형 집들이 원형으로 모여 있었다고 한다. 집들은 높이가 약 3.5-4.5미터, 길이가 약 15미터였고, 나무로 지어져 있었으며, 얽어 맨 나무껍질로 덮여있었다. 약 10미터 높이의 나무껍질과 거목들로 얽어 맨 나무 말뚝 울타리가 마을을 둘러싸고 있었다. 마을 입구를 따라 긴 길들이 나있었고 마을 중앙에는 광장이 있었다. 또한 적들의 침입을 막기 위해서 바위와 돌들을 쌓아놓은 성벽도 있었다. 집의 내부는 판자들로 나뉜 여러 개의 방들이 있었고, 가운데에는 사람들이 모여 불 피우는 장소가 있었다. 집의 상층

부는 먹거리를 보관하는 다락으로 사용됐고, 바닥에는 훈제 생선을 담는 용기가 있었다.

사실 혹은 신화?

사뮈엘 샹플랭이 1603년에 이 지역을 방문했을 때 오슐라가 마을과 주민들은 사라지고 없었다. 유럽인들이 전파한 전염병과 유럽인들과의 모피 교역길을 차지하기 위해서 일어난 원주민 부족들 간의 전쟁이 그 원인으로 추정된다.

오늘날까지 오슐라가 마을의 흔적이 발견된 적은 없다. 오슐라가 마을의 존재에 대한 유일한 근거는 1545년 자크 카르티에가 프랑스 국왕, 프랑수아 1세에게 제출한 보고서다. 그로부터 몇 년 후 바티스타 라무지오Battista Ramusio라는 베네치아 사람이 작성한 오슐라가 마을에 대한 세밀한 지도가 존재한다. 그러나 카르티에 보고서를 근거로 작성된 것으로 추정되는 이 지도는, 여러 가지를 고려했을 때, 사실성이 떨어진다. 더구나 사각 형태의 중앙 광장과 거주지의 규칙적 배열 등은 이태리 르네상스 시대 유럽식 도시공학 개념과 유사하여 그 신뢰성이 더욱 떨어진다.

또 다른 기이한 사항은 당시의 전형적인 원주민 집은 가운데를 가로지르는 긴 복도를 따라 여러 불 피우는 곳들이 있었던 것에 반하여 카르티에가 묘사한 집은 불 피우는 곳이 중앙에 하나뿐이라는 것이다. 자크 카르티에는 1541년-1542년 세 번째 몬트리올 탐험을 했다. 그런데 그는 더 이상 오슐라가에 대해서 언급하지 않고, 대신에 튀토나기Tutonaguy라고 부르는 마을을 언급한다. 그런데 튀토나기는 카르티에가 오슐라가 마을이라고 묘사한 곳에 위치한다. 이러한 사실을 근거로 할 때 튀토나기는 원주민이 오슐라가를 지칭하는 이름일 것이라고 추정된다. 오슐라가는 몬트리올 지역을 의미하거나 그 지역 주민을 나타내는 것이라고 추측되기도 한다.

문화유산

오늘날까지 오슐라가 마을의 정확한 위치는 확인된 적은 없지만 오슐라가는 1920년에 캐나다 문화재로 지정되었다. 현재 오슐라가를 기념하는 기념판석이 몬트리올 셰르브룩 거리에 있는 맥길 대학교 정문 입구에 세워져 있다.

오늘날 오슐라가는 여러 의미로 사용된다. 생로랑강과 우타우에강이 만나는 곳에 위치한, 234개의 섬으로 이루어진

오슐라가 기념판석

군도를 가리키기도 하고, 몬트리올시에 있는 구, 지방 선거구, 연방 선거구로서 오슐라가매조뇌브Hochelaga-Maisonneuve를 지칭하기도 하며, 몬트리올시에 있는 공원Parc Hochelaga의 이름에 붙어있기도 하다.

몬트리올 미술관

미술관의 설립과 발전

몬트리올 예술협회가 1860년에 건립한 몬트리올 미술관Musee des Beaux-Arts de Montreal은 캐나다에서 가장 오래된 미술관이다. 전시 공간이 부족했던 1879년 예술협회는 몬트리올 필립 광장에 최초의 아트 갤러리를 오픈했고, 1912년에는 버려진 집을 산 뒤 새로이 건물을 짓고 이전하게 된다. 이곳이 현재 셰르브룩 거리에 있는 미카엘 르나타 호른스테인 관Pavillon

미카엘 르나타 호른스테인 관 전경

Michal et Renata Hornstein이다.

갤러리의 확장 후 몬트리올 예술협회는 '백과사전식 아트 갤러리', 다시 말해 모든 장르의 예술을 다루는 갤러리가 되겠다는 목표를 세우고 1916년 장식미술과 전통문화를 담당하는 부서를 만들어 갤러리를 서서히 확장했다. '아트 갤러리'라는 표현이 말해주듯, 아직 '미술관'이라는 명칭을 갖지 못하고 있던 때였다. 몬트리올 예술협회가 '몬트리올 미술관'이라는 공식 명칭을 가지게 된 것은 1950년부터이다. 1950년부터 1970년까지 몬트리올 미술관은 '미술관'으로서의 정체성을 본격적으로 확립해 나간다.

1960년, 몬트리올 미술관은 탄생 100주년과 함께 '예술의 민주화'도 기념했는데 이는 몬트리올 예술협회의 창설 목적이자 몬트리올 미술관의 발전 방향이기도 했다. 피카소 전시회(1964)나 렘브란트 전시회(1969)와 같은 굵직한 유명 전시를 열며 국제적 미술관으로 발돋움한 몬트리올 미술관에서 본격적으로 '예술의 민주화'가 진행된 것은 1970년부터 1990년까지라고 할 수 있다. 1972년, 사설 기관이었던 몬트리올 미술관은 비영리 기관으로 전환되면서 정부 지원금을 받게 되는데, 이는 캐나다 최초의 몬트리올 미술관이 공공미술관으로 그 위상이 공식적으로 전환되는 것을 의미한다.

1980년대에는 국제적으로 평판이 높은 대규모 전시들을 기획, 개최했다. 파블로 피카소, 호안 미로, 레오나르도 다빈치 등의 유명 작가들의 전시회를 개최하는 한편, 벨기에 만화 '탱탱 전Le Musée imaginaire de Tintin'과 애니메이션 기획전처럼 전시 영역을 확충하면서, 국제적인 미술관의 위상을 공고히 했다.

미술관의 현재

몬트리올 미술관에는 총 다섯 개의 관과 80여 개 이상의 전시실이 있으며, 퀘벡과 캐나다 그리고 해외의 다양한 작품들 45,000점 이상을 소장하고 있다.

1976년에는 두 번째 전시공간인 릴리안느 다비드 엠 스튜어트 관Pavillon Liliane et David M. Stewart이 개관했다. 장식미술과 디자인 전문 전시 공간인데, 이곳의 장식미술 컬렉션은 북아메리카 최고 수준이라고 평가받고 있다.

세 번째 관은 1991년에 개관한 장노엘 데마레 관Pavillon Jean-Noël Desmarais이다. 독자적인 세계와 여러 영역에 동시에 속하는 현대 예술작품들을 만날 수 있는 곳이다.

2011년 완공된 몬트리올 미술관의 네 번째 관인 클레르 마르크 부르지 관Pavillon Claire et Marc Bourgie은 퀘벡과 캐나다 예술관으로, 음악 홀이 있

몬트리올 미술관의 출입구인 장노엘 데마레관 전경.

는 '어스킨과 미국인 교회Église Erskine and American'를 포함한다. 어스킨과 미국인 교회는 스코틀랜드의 장로교, 몬트리올의 미국인 장로교, 캐나다 개신교 연합 교회가 합쳐진 유서 깊은 장소로, 캐나다의 역사적 장소로 지정된 곳이기도 하다. 이 교회의 스테인드글라스는 미국의 유명 장식미술가인 티파니Louis Comfort Tiffany가 캐나다를 위해 직접 제작한 두 개의 주문 작품 중 하나로, 예술적 가치만이 아니라 종교적 가치가 깃든 문화유산이다. 또한 교회의 중앙 홀은 부르지 콘서트 홀로 변모되었다.

2016년 11월 개관한 '평화를 위한 관Pavillon pour la Paix'은 몬트리올 미술관을 구성하고 있는 다섯 번째 관이다. 몬트리올 375주년을 기념하는 해인 2017년을 맞이하며 개관한 이 관에는 700여 점에 달하는 해외 미술 작품들과 호른스테인 부부가 기증한 17세기부터 근대에 이르는 거장들의 작품들이 전시되어 있다.

몬트리올 미술관은 시민과 인문주의 미술관을 지향하면서 가족과 공동체를 위한 공간들을 확장하는가 하면 시민 교육을 위한 프로그램도 활발히 운영하고 있다. 예술 치료와 교육을 위한 세계적인 아틀리에, 미셸 드 라 샹들리에르Michel de la Chandelière도 여기서 만날 수 있다.

플라토 몽루아얄과 라탱 지구

 몬트리올 도심 북동쪽에 위치한 플라토 몽루아얄은 예전에는 이민자들과 노동자들이 사는 서민적인 지역이었다. 몬트리올이 배출한 위대한 문학가 미셸 트랑블레는 이 구역의 노동자들이 사용하는 언어 주알을 문학에 수용하여 6편의 소설로 이루어진 『플라토 몽루아얄 연대기』를 탄생시켰다. 지금은 많은 예술인들과 학생들이 이곳에 살고 있다. 현재의 플라토 몽루아얄은 창조적인 예술가들의 허브 역할을 하고 있는 셈이다. 예술 산업 인프라도 풍부하다. 캐나다 국립 연극학교, 몬트리올 음악원, 캐나다 그랑 발레가 이곳에 있으며, 리도 베르, 오주르뒤등의 극장들과 극단들도 여기에 자리 잡고 있다. 미셸 트랑블레가 쓴 가장 유명한 희극들 중 하나인 「의자매들」이 초연된 곳도 리도 베르 극장였다.

노동자들의 거주지에서 보보들의 성지로, 플라토 몽루아얄

플라토 몽루아얄과 철제 계단 삼층 집

플라토 몽루아얄Plateau-Mont-Royal은 몬트리올시의 중심부에 있는 몽루아얄 언덕 동쪽 끝 평지에 위치한 행정구역을 지칭하기도 하지만, 흔히 '플라토(평지)Plateau'라고 부를 경우에는 이 행정구역 속에서도 프랑스어권 주민들이 모여 사는 지역을 말하는 경우가 많다. 플라토는 서쪽으로는 생로랑 대로Boulevard Saint-Laurent, 동쪽으로는 파피노 대로Avenue Papineau 사이에 위치하며, 북쪽으로는 생조셉 대로Bouvard Saint-Joseph, 그리고 남쪽으로는 셰르브룩 거리Rue Sherbrooke 사이의 지역에 위치해 있다.

이 지역은 원래 코토생루이Coteau-Saint-Louis라는 몬트리올 권외의 한적한 농경 마을이었지만, 20세기 초부터 1960년대까지 몬트리올의 주요 산업 중 하나였던 의복 공장들이 들어선다. 밴쿠버에서 몬트리올까지 캐나다 동서를 가로지르는 캐나디안 퍼시픽 철도가 플라토 지역 북쪽과 동쪽을 에워싸며 지나가기에, 이곳이 상차와 하차가 용이한 입지가 되었기 때문이다. 그리고 이 공장 주변부로 지방에서 몰려온 프랑스계 노동자들의 거주지가 형성되었고, 코토생루이는 몬트리올시의 일부분으로 편입되며 플라토 몽루아얄이라는 지역으로 불리게 된다.

이 지역 주민들은 대부분 단순 생산직이나 서비스업에 종사했으며, 경제적으로 여유롭지 못했기 때문에, 좁은 땅에 3층짜리 목조 건물 Triplex들을 세워 여러 세대가 입주해서 살았다. 이때 세워진 건물들은 플라토 지역의 특징적인 주거 형태로 남게 되었는데, 다른 곳의 건물 형태와 가장 차이 나는 점은 바로 지상에서 2층 혹은 3층까지 오르내리는 철제 계단이 건물 전면의 발코니와 연결되어 있어 외부로 그대로 노출되어 있다는 점이다. 몬트리올의 혹독한 겨울 추위와 적설량을 고려한다면 이해할 수 없는 구조인 셈인데, 이것에 대해 두 가지 설명이 있다. 첫째는 1734년에 있었던 몬트리올 대 화재 사건의 여파로, 대부분 목조 건물이었던 이곳 주민의 안전을 지키기 위해 계단을 외부로 냈다는 것이다. 둘째는 주민들이 공용 현관과 공용 계단을 사용하는 것보다는, 건물 바깥에서 각자의 집으로 직접 연결되는 계단을 선호했기 때문이라는 설명이다. 그리고 건물의 공용 구역이 없다는 점은, 한정된 부지 내에서 개인적 주거 공간을 최대한 확보할 수 있다는 점에서 더 매력적이라고 보았다는 것이다. 이런

플라토 지역의 삼층집

형태의 건축은 1880년에서 1930년까지 유행했지만, 아직까지도 많은 건물들이 당시의 모습을 유지한 채 플라토 지역의 개성을 보여준다.

미셸 트랑블레와 플라토 주민들

퀘벡을 대표하는 작가 중 하나인 미셸 트랑블레(1942-)는 플라토 지역 출신으로, 자신이 태어나고 자란 동네에 대한 각별한 애정을 가진 작가로 유명하다. 1964년 국영방송 라디오카나다의 젊은 작가 콘테스트에서 희곡 「기차」로 대상을 받은 이래로 그는 2022년 현재까지 희곡 33편과 소설 33편, 그리고 수필집 6편, 시나리오 7편 등 왕성한 작품 활동을 하고 있다. 미셸 트랑블레는 모든 작품에 걸쳐 500명이 넘는 작중인물들이 하나의 세계를 이루는 특성 때문에 '퀘벡의 발자크'라는 별명으로 불리기도 한다. 2012년의 인터뷰에서 "내가 쓴 글의 90퍼센트는 그 거리, 그러니까 예전에 파브르 거리에서 일어난 일이다."라고 밝혔던 것처럼, 그의 수많은 희곡과 소설 속 무대가 되는 곳은 바로 플라토 몽루아얄 지역, 더 구체적으로 말한다면 파브르 거리rue Fabre이며, 프랑스계 캐나다인이자 평범한 노동자 계층 주민들이 주인공으로 등장한다. 트랑블레의 수많은 작품 중에서도 『플라토 몽루아얄 연대기Chronique du Plateau Mont-Royal』라는 여섯 편의 연작 소설은 그 이름에서 알 수 있듯이 1942년에서 1963년까지 플라토 몽루아얄에 사는 주민들의 이야기를 다루는 작품이다. 그런데 일반적으로 '연대기'라고 하는 것은 역사적으로 중요한 사건과 영웅의 이야기를 다루는데 반해, 그의 연대기에 등장하는 사람들은 노동자 가족의 가정주부나 성 소수자 또는 아이들처럼 사회적 약자나 소외계층들인 것이 주목할 만한 점이다. 트랑블레가 이 연작 소설에서 다루고 있는 시기는 플라토 몽루아얄에서 의류 공장의 노동자들이 살던 시기와 일치한다.

1960년 이후로 공장이 시 외곽으로 점차적으로 이전하고 거주민들도 함께 이주하면서 플라토 몽루아얄은 커다란 변화를 겪는다. 공장으로 사용되던 넓은 공간과 값싼 주거지는 그 당시 예술가들을 불러들였다. 비어 있던 동네는 음악가, 연극 관계자, 화가들로 가득 차게 되었고, 또 캐나다 국립 연극학교, 몬트리올 음악원, 몬트리올 발레단이 있으며, 연극 공연장인 리도 베르Rideau vert, 카트르수 극장Théâtre de Quat'Sous, 리콘Licorne 그리고 오주르뒤 극장Théâtre d'Aujourd'hui 등이 몰려 있기 때문에 이른바 보보족들의 성지가 되었다. 하지만 2000년 이후로 이 동네도 젠트리피케이션을 겪게 되었고, 지금은 개성 있던 가게들이 어느 곳에서도 볼 수 있는 체인점들로 교체되고 집세가 천정부지로 치솟았다. 그러나 이런 현상에도 불구하고 플라토 몽루아얄은 프랑스 출신 이주민들의 첫 정착지로 여전히 사랑받는 동네이기 때문에, '작은 파리'나 '작은 프랑스'라는 별명으로 불리고 있기도 하다.

생로랑 대로와 라 퐁텐 공원

플라토 몽루아얄의 서쪽 경계를 이루는 생로랑 대로는 사실 몬트리올 섬을 반으로 가르고 있는 무척 긴 대로이다. '중앙'이라는 뜻의 영어에서 차용한 별명인 '메인La Main'이라고도 불리는 이 길을 중심으로 동쪽 지역에는 프랑스어권 주민들이, 또 서쪽 지역에는 영어권 주민들의 거주지가 위치해 있다.

몬트리올 항구와 구시가지에서 곧장 북쪽으로 쭉 뻗어 있는 이 길을 시민들은 '이민의 통로'라고도 부르는데, 이주민들의 집단 거주지역이 길의 주변을 따라 형성되었기 때문이다. 19세기 초, 아일랜드계 이주민들이 정착한 이후로 다른 지역 출신 이주민들이 속속들이 정착하면서, 이 길은 몬트리올섬에서 가장 다문화적인 거리가 되었다. 현재는 남쪽에 중국인들의 거주지역 '카르티에 시누아'가, 또 북쪽에는 이탈리아 출신 이주민들이 만든 '프티트 이탈리'가 형성되어 있다. 그리고 생로랑 대로와 플라토 지역과 맞닿은 중간 지점에는 동부 유럽과 러시아에서 이주해 온 유대인들의 거주지역과 상점들이 있었으나, 세계 2차대전 이후 다른 지역으로 이주해 가면서 그리스와 포르투갈 출신 이민자들이 그 자리를 대신하고 있다.

이 길 주변에서 찾아 볼 수 있는 가장 대표적인 상점으로는 1928년부터 유대 스타일의 훈제 소고기 샌드위치와 피클 등을 팔아 온 '슈바르츠 Schwartz's', 역시 유대 스타일 베이글을 1919년부터 팔아온 '페어마운트 베이글Fairmount Bagel' 그리고 '생 비아퇴르 베이글St-Viateur Bagel'이 있다. 이러한 몬트리올식 베이글은 한국에 흔히 알려져 있는 뉴욕식 베이글보다 더 작고 더 쫄깃하며 살짝 더 단 맛이 난다.

플라토 몽루아얄의 공원들 중에서 가장 큰 공원으로 라 퐁텐 공원Parc La Fontaine이 있다. 플라토의 남쪽 경계를 이루는 이 공원은 캐나다 정부가 퀘벡주의 무장독립 시도에 대비하기 위해 군사를 주둔시키고 군사훈련을 벌였던 자리인데, 1845년에 퀘벡주가 양도 받은 후에 인근에 있었던 농장 부지와 합쳐 조성되었다. 처음에는 농장주의 이름을 따서 로건 파크Logan Park라고 명명했지만, 1901년에 생장바티스트의 날

(현 퀘벡 기념일) 기념 퍼레이드를 열며 라 퐁텐 공원으로 이름을 바꾸었다. 라 퐁텐이라는 이름은 캐나다의 첫 프랑스계 총리였던 루이 이폴리트 라 퐁텐Louis-Hippolyte La Fontaine을 기리기 위해서 정한 것이라고 한다. 공원 안에는 두 개의 인공 못이 있고, 그 연못들 사이에 '연인들의 다리'가 세워져 있었다. 또 1940년대부터는 이 인공 못에 '곤돌라'라는 이름의 배가 떠다니기도 했다. 베니스의 곤돌라와 이름은 같지만, 모습은 30인 정도가 탈 수 있는 작은 유람선에 가까웠다. 현재 '연인들의 다리'와 '곤돌라'는 자취를 감췄지만, 인공 못 중 한 곳은 분수가 설치되어 있어 예전과 다름 없이 여름마다 물줄기를 내뿜고 있으며, 겨울에는 스케이트 장으로 활용된다. 라 퐁텐 공원 내에 설치된 시설물로 '이상한 나라의 정원'이라는 이름의 동물원, 아이들의 놀이터, 술과 음식, 음악이 제공되던 인공 못 근처의 정자 레스토랑, 그리고 '야외 극장Théâtre de Verdure', 칼릭사라발레 문화센터Centre culturel Calixa-Lavallée 등이 있었다. 1957년에 만들어진 동물원의 경우에는 악취가 심하다는 동네 주민들의 불만이 커짐에 따라 1989년에 사라졌지만, 나머지 시설물들은 명맥을 유지하고 있다. 플라토 지역은 다닥다닥 붙어 있는 건물 구조상 주민들이 자신만의 정원을 가꿀 수 없기 때문에, 라 퐁텐 공원은 개장 이후 플라토 주민들의 정원으로써 사랑받고 있다. 라 퐁텐 공원 근처에서 꼭 들러볼만한 음식점으로는 퀘벡의 대표 감자요리인 푸틴을 24시간 파는 '라 방키즈La Banquise'가 있다. 푸틴은 길고 가늘게 자른 감자를 튀긴 후에 그레이비 소스와 커터지 치즈를 얹은 요리가 기본이지만, 훈제 고기나 야채 혹은 각종 소스를 자유롭게 골라 얹어 먹을 수 있다. 30개 가까이 되는 푸틴 요리를 제공하는 라 방키즈는 늘 관광객으로 붐비지만, 해

장용 음식으로 푸틴을 먹기 위한 사람들로 특히 새벽에 붐비는 점도 흥미로운 점이다.

라 방키즈

푸틴

몽루아얄 언덕과 인근 공원

몽루아얄 언덕과 자크 카르티에

몽루아얄Mont-Royal 언덕의 이름은 프랑스의 탐험가인 자크 카르티에로 부터 유래한다. 자크 카르티에는 1535년에 생로랑강을 거슬러 올라와 이로쿼이 부족들이 살고 있던 요새 마을 오슐라가(몬트리올의 옛 이름 중 하나)에 도착했다. 그리고 오슐라가 마을 뒤편에 자리 잡은 커다란 언덕 꼭대기에 올라가, 그 언덕을 라틴어로 '몬스 레알리스Mons realis', 즉 프랑스의 왕 프랑수아 1세의 것이라고 선언한다. 자크 카르티에가 이렇게 새로운 땅에 도착해서 프랑스 왕이 그 땅의 주인이 되었음을 선언하는 것이 처음은 아니었다. 1534년에 가스페 반도에도 '프랑스 왕 만세'라는 글귀가 쓰여진 십자가를 꽂으며 캐나다 동부지역을 프랑스 국왕의 영토로 선언한 바가 있었기 때문이다. 하지만 이렇게 선언 자체가 곧 언덕과 같은 지명의 이름이 된 경우는 드물고, 더 나아가 몬트리올Montréal이라는 섬과 한 도시의 이름으로 남은 점은 꽤나 흥미롭다.

지금 몽루아얄 언덕 꼭대기에 설치된 십자가의 기원은 1643년 몬트리올섬 총독이었던 매조뇌브에 의해 처음 설치되었던 십자가다. 매조뇌브는 당시 대홍수와 그로 인한 산사태가 있었음에도 불구하고, 세워진 지

1년 되어가는 신생 도시 빌마리(몬트리올의 옛이름 중 하나)가 피해를 입지 않았던 것에 대해 하느님께 감사하는 의미로 몽루아얄 언덕 꼭대기까지 나무로 만든 커다란 십자가를 직접 옮겨 세웠다. 그리고 시간이 지나 1874년 생장바티스트회 Société Saint-Jean-Baptiste에서 또 다시 31m 크기의 커다란 십자가를 정상에 세우고자 모금을 시작했으며, 1924년이 되어서야 그 결실을 맞이하게 된다. 그리고 바로 그 십자가가 오늘날까지 남아 있는 것이다. 십자가는 전구 조명으로 장식되어서 밤에 더 화려하게 빛나지만, 1969년 몬트리올 만국박람회와 1976년 몬트리올 올림픽에는 종교가 다른 나라의 참가자들을 배려하기 위해 그 기간 동안만 조명을 꺼 두었다는 에피소드도 있다. 1992년에는 색깔을 자유롭게 변경할 수 있는 LED 조명으로 교체되었으며, 그 이후로 각종 이벤트나 기념해야 하는 일이 있을 경우에 맞춰 색상을 바꾸고 있다.

몽루아얄 언덕의 십자가

몽루아얄 공원과 주변부

몽루아얄 언덕은 과거에는 몬트리올 도시 북쪽에 있는 언덕이었지만, 시간이 지남에 따라 몽루아얄 언덕의 이북 지역에 있는 우트르

몽루아얄 산장

몽시까지 몬트리올에 통합되면서 이제는 몬트리올 도시의 중앙에 위치하는 언덕이며 시민들이 자주 찾는 공원이 되었다. 몽루아얄 공원은 1876년 5월 24일에 두 곳의 전망대와 여러 주변부 조성을 마치고 개장되었으며, 현재 퀘벡에서 가장 오래된 자연보호 구역이라고 한다. 공원이 도심에 있음에도 불구하고 이 공원에 서식하는 동물들의 종류는 다양하다. 청설모, 다람쥐, 흰꼬리 토끼, 마르모트, 붉은 여우, 스컹크, 박쥐 그리고 라쿤 등의 포유동물과 다양한 새들이 살고 있다. 특히 라쿤은 저녁에 전망대를 찾는 시민들에게 떼를 지어 다가와 음식을 받아먹는 바람에 개체수가 늘어, 시에서 먹이를 주지 말라고 호소에 나설 정도였다. 전망대 중 한 곳에는 작은 편의시설을 제공하는 몽루아얄 산장 Châlet du Mont-Royal이

몽루아얄 전망대에서 바라본 몬트리올 도심

세워졌으며, 이 밖에도 전망대로 올라가는 언덕 중턱에는 인공 연못인 락 오 카스토Lac aux Castors(비버 연못)과 공원탐방객을 위한 안내소 및 서비스센터인 메종 스미스Maison Smith가 있다. 여름에는 숲 생태탐방 프로그램을 제공하며, 겨울이면 크로스컨트리용 스키나 눈 신발 대여 서비스도 하고 있다.

공원의 북쪽 부분에는 공동묘지가 자리잡고 있으며, 남동쪽 사면에는 몬트리올의 영어권 대학 중 하나인 맥길 대학교 캠퍼스가 자리잡고 있다. 그리고 몽루아얄 공원의 동쪽에는 프랑스계 캐나다 정치가이자 총리였던 조르주에티엔 카르티에 경 기념비Monument à Sir George-Étienne Cartier와 그 주변에 만들어진 정자 등이 있다. 매년 여름 일요일이면 이 기념물 주변에 사람들이 자유롭게 모여 봉고나 북을 일컫는 탐탐Tam-tam을 두드리는 행사가 열린다. 몽루아얄 공원이 시작되는 밑부분에서 몽루아얄 언덕 정상까지 오르는 산책로는 모두 세 코스로 설계되었다. 하나는 바로 조르쥬에티엔 카르티에 경의 기념비가 있는 근처에서 시작되어 언덕을 빙 둘러 남쪽의 필 거리Rue Peel로 이어지는 코스이고, 다른 하나는 필 거리의 계단에서 시작되어 전망대가 있는 꼭대기까지 오르는 코스, 그리고 마지막 코스는 두 전망대와 십자가가 있는 곳을 순환하는 코스이다.

조르쥬에티엔 카르티에 경 기념비

생드니 극장과 퀘벡의 시네아스트

생드니 극장과 퀘벡의 공연 예술

생드니 극장은 몬트리올에서 가장 중요한 공연 예술 공간이다. 라탱 거리에 있는 이 극장은 1916년에 최초로 설립되어, 2,218석 규모와 933석 규모의 두 개의 공간으로 이루어져

1920년대 생드니 극장

있다. 설립 당시 3,000석을 갖춘 캐나다에서 가장 큰 공연장이었고 보드빌 공연과 영화 상영이 주로 이루어졌다. 현재는 코미디, 음악 공연, 뮤지컬, 연극 등 다양한 공연이 펼쳐지는 공간으로 사용되고 있다.

1920년대까지 생드니 극장은 세계적으로 유명한 오케스트라와 음악가 등이 공연한 곳이기도 하다. 그중 토스카니니가 직접 지휘하였던 밀라노의 스칼라 오케스트라, 빈센트 딘디와 협연한 보스톤 심포니 오케스트라

가 공연하였고, 모리스 라벨이 1928년 북미 공연 투어 중 자기 작품을 이 극장에서 직접 연주하기도 하였다. 그리고 당대 세계적으로 유명한 프랑스의 스타 질베르 베코, 모리스 슈발리에, 페르난델, 루이스 마리아노, 이브 몽탕, 티노 로시 등이 공연한 곳이기도 하다.

현재의 생드니 극장

1978년에는 대규모 공연 예술에 대한 수요가 증가하면서 영화 상영을 포기하고 현장 예술 공연장으로만 활용하게 된다. 1990년에 내부를 완전히 수리하여 현재와 같이 대공연장과 933명을 수용하는 소공연장으로 분리했지만 건물의 외관은 그대로 보존하고 있다. 지금도 공연 예술 공간으로만 이용되고 있다.

퀘벡 영화를 대표하는 감독

지금은 영화를 상영하지 않는 공연장이 되었지만 생드니 극장은 퀘벡 영화의 전성기를 함께한 영화관이기도 하였다. 이 공간에서 퀘벡의 관객들을 일깨우고 감동을 줬던 퀘벡 출신의 감독은 수없이 많지만, 대표적인 몇 명을 소개하면 다음과 같다.

클로드 쥐트라 - 퀘벡의 가장 창의적인 영화 미학

퀘벡 역사상 가장 훌륭한 영화 중 하나인 <삼촌 앙투안Mon oncle Antoine>(1971)을 연출한 클로드 쥐트라는 ONF의 몬트리올 세대에 속하는 감독이다. 그는 미셸 브로, 질 그루, 드니 아르캉과 함께 퀘벡 영화를 대표하는데, 대부분 퀘벡 감독이 그러했던 것처럼 ONF에서 다큐멘터리를 제작하였고 이후 다큐멘터리의 엄격한 윤리보다 더욱 자유롭게 자신의 비전을 표현하기 위해 픽션 영화로 전향하게 된다. 특히 그가 연출한 <삼촌 앙투안>은 '10월의 위기'라는 퀘벡 현대사에서 가장 긴장된 사건이 진행되던 시점에 제작되었는데, 이 영화에서 쥐트라는 퀘벡의 정체성에 관한 문제를 제기할 뿐만 아니라, 퀘벡의 프랑스계 주민을 당시 사회 상황의 책임자로 간주하며 이 사회에 만연했던 알콜 중독과 과도한 카톨릭의 영향력 등에 대한 날카로운 비판을 보여주고 있다. 이 영화는 퀘벡 산골에서 일어나는 자그마한 이야기를 통해 1950년대 후반부터 시작된 '조용한 혁명' 10여 년 후 퀘벡의 변혁을 주도하였던 혁신에 대한 결산의 성격을 띠고 있다. 기존 세대와 새로운 세대를 상징하는 장의사 삼촌과 앙투안이 퀘벡의 경제적 현실을 상징하는 한 가정의 장례식을 진행하며 벌어지는 에피소드에 '조용한 혁명'의 부족한 점과 혁명을 이어나갈 새로운 세대의 미숙함을 영화 속에 잘 녹여 넣은 작품으로 사회적인 강력한 메시지와 함께 영화적 즐거움도 선사하고 있다. 이런 영화적 시선과 함께 클로드 쥐트라는 항상 퀘벡의 현실에 관심을 가지고 누구보다 가장 미학적인 방식으로 퀘벡에 문제를 제기하였던 감독이었다.

드니 아르캉 - '조용한 혁명'에서 아카데미까지

아카데미 상을 두 번이나 수상한 퀘벡의 대표적인 감독 드니 아르캉은 몬트리올 대학에서 역사를 전공할 당시 이미 첫 번째 영화 <혼자 또는 타인과 함께Seul ou avec d'autres>(1962)를 제작하며 정치적인 주제와 퀘벡의 사회현실에 관심을 가졌었다. 다이렉트 시네마가 맹위를 떨치던 1963년에 ONF에 들어가 <샹플랭Champlain>, <몬트리올주의자들Les Montréalistes>(1964), 그리고 퀘벡의 섬유산업 종사자의 근로 조건에 관한 <우리는 면화 노동자On est au coton>(1970) 등과 같은 퀘벡 사회의 문제를 제기하는 다큐멘터리를 제작하였다.

ONF 출신의 다른 감독들과 마찬가지로 그는 픽션에 입문하여 첫 번째 픽션 영화인 <빌어먹을 돈La maudite galette>(1972)을 통해 기존 스릴러를 전복시키며 관객의 성찰을 유도하였고, 마피아와 정치인들의 결탁을 고발하는 <레잔 파도바니Réjeanne Padovani>(1975), 노동자들의 삶의 조건을 다루는 <지나 Gina>와 같은 작품을 연출하였다. 하지만 혁신적이고 사회적 성격이 강한 이 작품들이 흥행에서 큰 성공을 거두지 못하자 텔레비전으로 옮겨 여기서 성공을 거두게 된다. 이러한 경력을 바탕으로 다시 영화를 제작하는데, 1986년에 출시한 <미제국의 쇠락Le déclin de l'empire américain>(1986)은 세계적으로 퀘벡 영화의 위상을 드높이는 계기가 된다. 이후 예수의 삶을 현대에 적용해 사랑의 결핍으로 고통받는 현대인을 성찰한 <몬트리올 예수Jésus de Montréal>(1989)로 칸 영화제 심사위원 대상을 수상하고, 또 퀘벡의 의료 시스템과 노동조합을 비판하는 <야만적 침략Les invasions barbares>(2003)을 제작해 퀘벡 영화 최초로 아카데미 영화제에서 수상하기도 하였다. 이렇듯 드니 아르캉은 퀘벡의 현실에 대한 문제 제기에서 출발해 캐나다와 미국, 더 나아가 북아메리카 사회의 문제를 조망하며 날카로운 비판을 영화에서 보여주었던 감독이다. 최근에는 세계화와 금융권의 비도덕적인 행위를 비난하는 영화 <미제국의 몰락La Chute de l'empire américain>(2018)을 제작해 세상을 향한 그의 날카로운 비판 정신이 여전히 살아있음을 보여주기도 하였다.

피에르 팔라르도 - 퀘벡의 가장 치열한 민족주의 영화

피에르 팔라르도Pierre Falardeau는 퀘벡 영화를 언급할 때 빼놓을 수 없는 인물이다. 영화감독, 작가이기도 한 그는 민족주의자로 더욱 많이 알려진 인물이기도 하다. 그의 글과 영화는 퀘벡 민족주의 신념을 배포하는 스크린이었고 그래서 자신의 정치적 성향을 드러내기를 결코 주저하지 않아 캐나다 연방정부를 불편하게 만들기도 하였다. 이러한 신념이 영화 제작을 위해 예산을 조달할때 불리하게 작용하였지만, 그는 돈을 위해 정치적 신념을 포기하지는 않았다. 퀘벡 사회가 겪고 있는 정치, 경제, 사회 그리고 민족적인 문제들에 대해 가장 급진적인 목소리를 내면서 퀘벡의 분리·독립을 공개적으로 지지하기도 하였다. 이렇듯 팔라르도는 '조용한 혁명' 이후 1990년 후반까지 퀘벡의 문제 제기에서 가장 첨예한 목소리를 내었던 감독이다. 특히 그는 '애국자당 봉기'를 다룬 영화 <1839년 2월 15일15 février 1839>(2001)을 연출하여 퀘벡 역사에서 가장 치열했던 전투의 두 주역인 프랑수아 드 로리미에François de Lorimier와 샤를 힌더랭Charles Hindelang이 영국군에 잡혀 교수형 당하기 전 24시간을 재구성하며 퀘벡의 기억을 소환하고 있다. 팔라르도는 프랑스계가 퀘벡을 발견하고 개척하였으나 '7년 전쟁'의 패배로 영국의 식민지가 되었고 이후 경제권을 장악한 영국계 주민들의 억압 하에 프랑스계 주민들은 노동자 계급으로 전락해 사회적으로 핍박 받을 수밖에 없었다는 퀘벡 민족주의 시각의 역사적 출발점에서 지배 세력에 대한 저항 의식을 이 영화에서 표명하고 있다.

그리고 <10월Octobre>(1992)에서는 민족해방전선의 한 그룹이 분리독립의 투쟁 과정에서 캐나다 노동부이민부 장관을 납치해 살해하였던, 퀘벡 현대사의 가장 아픈 기억인 '10월의 위기'를 납치범의 시각에서 재구성하고 있다. 대학 재학 중 이 사건을 경험했고 당시 납치와 살해 죄목으로 수감된 퀘벡해방전선 조직원의 석방을 촉구하는 시위에 참여하기도 했던 팔라르도는 1992년에 치러질 것으로 예상했던(정치적 협상 끝에 1995년에 투표가 치러졌음) 제2차 퀘벡 분리독립 투표에서 민족주의적인 시각을 고취하기 위한 목적으로 현대사의 한 장면을 소환한 것이다. 많은 퀘벡인이 이 사건의 비극적 결말로 인해 민족주의에 등을 돌렸음에도 불구하고 그는 결코 민족주의 소신을 굽히지 않았다. 어쩌면 세계 영화 역사상 가장 정치적인 영화인인 팔라르도에게 영화는 창작의 공간이자 동시에 저항과 투쟁의 공간이며 퀘벡의 프랑스계 주민들에게 정치적 각성을 촉구하였던 매개 수단이기도 하였다. 그의 민족주의적인 시각에 대해서는 의견이 나뉠 수 있겠지만 그가 가슴 속에 가졌던 퀘벡에 대한 뜨거운 열정에 대해서는 그 누구도 이견이 있을 수 없는 퀘벡의 감독이라 할 수 있다.

퀘벡 영화의 현재

위에서 언급한 감독 외에도 질 카를르Gilles Carle, 자크 고드부Jacques Godbout, 마르셀 카리에르, 질 그루, 장 클로드 로종Jean-Claude Lauzon, 장 프랑수아 풀리오Jean-François Pouliot 등 북미를 개척한 이래 400여 년 동안 프랑스를 자양분으로 삼아 온 퀘벡이라는 자신의 문화를 스크린에 투사한 퀘벡의 주목할 만한 감독은 셀 수 없이 많다. 이들은 모두 퀘벡의 역사적 굴곡에서 자신의 목소리를 냈으며 퀘벡의 의식을 일깨우려 노력했던 감독들이기도 하다. 하지만 오늘날의 퀘벡 영화에는 퀘벡의 특성을 드러내긴 하지만, 위에서 이야기한 수준으로 민족주의적인 성향을 드러내는 감독을 찾기란 쉽지 않다. 대신 퀘벡이라는 지역적 한계에 머무르지 않고 세계 영화의 주류에 우뚝 서서 퀘벡의 문화적 유산을 간직한 채 전 세계인을 감동시키는 영화를 만들고 있다는 것이 이전과의 차이라고 할 수 있다.

최근 사망한 장 마크 발레는 <C.R.A.Z.Y.>(2005)로 퀘벡의 1970년대를 재조명하며 퀘벡 감독으로 경력을 시작하지만 <달라스 바이어스 클럽>(2013), <카페 드 플로르>(2011) 등의 영화로 퀘벡을 넘어 세계적으로 주목받는 감독이 되었다. 마찬가지로 드니 빌뇌브도 퀘벡 이민 사회를 바탕으로 한 <그을린 사랑>(2010)으로 출발하여 <컨택트>(2016), <블레이드 러너 2049>(2017), <듄>(2021)과 같이 전 세계 비평가들로부터 최고의 영화로 평가받으며 흥행에서도 괄목할만한 성과를 거두고 있는 영화를 잇달아 연출하고 있는 감독이다. 그리고 젊은 퀘벡인이 가진 현실과 고민을 담은 <아이 킬드 마이 마더>(2009), 퀘벡 연인들의 사랑 방식을 다룬 <하트비트>(2010)에서 출발하여 <마미>(2014), <단지 세상의 끝>(2016)과 같은 영화로 칸 영화제에서 주요한 상을 수상하며 세계의 이목을 집중시키고 있는 퀘벡의 젊은 감독 자비에 돌란도 빼놓을 수 없다.

　이상에서 살펴 보았듯이 퀘벡의 영화는 퀘벡이 거쳐온 궤적을 오롯이 자신의 궤적에 일치시키고 있는 특성을 확인할 수 있다. 퀘벡이 정체성의 문제로 고민할 때는 퀘벡이 나아가야 할 길을 제시하였고, 세계화 시대에는 퀘벡의 문화를 바탕으로 세계의 문화와 호흡을 같이하고 있기 때문이다. 퀘벡 영화는 시대를 읽고 시대의 요구에 부응하며 사회의 호흡에 호응할 줄 알기에 인구 800만의 비교적 작은 지역 영화임에도 전 세계에서 존재감을 가질 수 있는 것이다.

퀘벡의 시네마테크와 영화의 역사

퀘벡 영화를 보존하는 시네마테크

베리Berri 거리에 있고 몬트리올 퀘벡 대학교 (UQAM)가 근처에 있어 베리-유캄 Berri-UQAM이라 부르는 지하철역에서 몬트리올의 라탱 거리인 생드니 거리로 나서면 프랑스의

서커스 축제가 펼쳐지는 생드니 거리의 모습

시네마테크 프랑세즈를 모델로 1963년에 설립한 퀘벡의 시네마테크 Cinémathèque québécoise에 이르게 된다. 시네마테크는 픽션과 다큐멘터리를 포함한 영화를 수집하고 자료화 하며, 퀘벡의 영화, 텔레비전, 시청각 유산을 보존하는 기능을 수행한다. 그리고 전 세계의 애니메이션 영화를 수집하고, 문화 발전과 교육을 위해 캐나다와 세계의 주요한 작품들을 수집하기도 한다. 퀘벡의 시네마테크에서 수집한 컬렉션에는 약 5만 편의 영화, 2만 8천 개의 영화 포스터, 사진 6만 장, 초기 영사기를 비롯해 약 2천

점의 영화 관련 장비들, 1천 5백 점의 시나리오와 제작 일지, 5천 점의 아카이브 자료, 1천 점의 음향 녹음 등이 있다. 그리고 4만 5천 권의 도서, 6천 개의 잡지, 13만 5천 개의 국내 및 해외 신문 자료들, 9천 점의 DVD와 비디오테이프를 소장하고 있기도 하다. 2006년부터 퀘벡 영화를 납본하는 기관으로 선정되어 퀘벡 영화를 수집하고 보존하는 대표 기관이 되었다.

시네마테크는 캐나다 시네클럽 연맹에서 비롯되었는데 이 기구를 최초로 설립하고 또 시네마테크 최초의 의장이었던 기 코테Guy-L.-Coté의 이름을 붙인 미디어테크가 있어 일반인들도 소장 자료를 열람할 수 있다. 그리고 소장 자료는 외부 상영을 위해 반출도 가능하다. 이 외에도 '시네마테크는 매년 '애니메이션 영화의 정상(頂上)들Les Sommets du cinéma d'animation'이라는 애니메이션 영화제를 개최하고 퀘벡의 감독과 세계적으로 중요한 감독의 작품에 대한 회고전도 개최하고 있다.

퀘벡 시네마테크 전경

퀘벡 영화의 출발과 조망

최초의 영화 상영이 이루어진 생로랑 거리의 로비야르 빌딩의 1920년대 모습

퀘벡에 최초로 영화가 도입된 것은 프랑스인 루이 미니에Louis Minier와 루이 퓌피에Louis Pupier가 뤼미에르 형제의 시네마토그라프를 사용해 1896년 7월 오늘날 차이나타운 입구에 있는 생로랑 거리의 로비야르 빌딩 Édifice Robillard에서 상영하면서이다. 이는 미국 뉴욕의 영화 상영보다 이틀 앞선 것으로 퀘벡뿐 아니라 아메리카 대륙에서 이루어진 최초의 영화 상영으로 기록되어 있다. 이후 1906년 퀘벡의 엔지니어 레오에르네스트 위메Léo-Ernest Ouimet가 500석 규모의 상설영화관인 위메토스코프를 생카트린 거리 624번지(현재 빌라주 게Village gai 근처)에 설립하면서 본격적

인 영화의 역사가 시작된다. 위메는 여러 곳에 영화관을 설치하며 퀘벡과 캐나다의 영화산업을 주도하였고 <트루아리비에르의 화재L'Incendie de Trois-Rivières>(1908)라는 영화를 직접 제작하며 퀘벡에 관한 영화를 개척하기도 하였다. 이러한 흐름을 알베르 테시에Albert Tessier 주교가 이어받아 퀘벡의 삶과 노동에 관한 다큐멘터리를 제작하면서 이후 다가올 퀘벡의 눈부신 다큐멘터리 전통을 세우게 된다. 그리고 1930년대에 신부였던 모리스 프루가 <새로운 고장에서En pays neufs>(1937), <그림 같은 고장에서En pays pittoresque>(1939)와 같은 영화를 제작하며 퀘벡을 발견하려는

생카트린 거리에 설립되었던 위메토 스코프의 당시 사진

민족지학적인 다큐멘터리 영화를 발전시키게 된다. 그리고 극작가이자 사진가였던 조셉 아르튀르 오미에Joseph-Arthur Homier가 1922년에 < 오! 오! 장Oh! Oh! Jean>이란 픽션 영화를 연출한 것이 퀘벡에서 제작된 최초의 픽션 영화이다.

 2016년에 방영된 드라마 <도깨비>로 인해 퀘벡은 이제 우리에게도 제법 알려진 지역이 되었다. 특히 프랑스의 거리처럼 아기자기한 모습의 퀘벡은 북미로 떠나는 여행객들이 꼭 들러보고 싶은 장소가 되었다. 하지만 퀘벡의 영화는 우리에게 여전히 낯설다. 할리우드 위주의 영어권 영화가 영화산업에서 맹위를 떨치고 있어 프랑스어로 된 영화를 수입하지 않는 것도 이 지역의 영화에 익숙하지 않은 이유가 될 것이다. 우리나라에 비해 15배나 큰 면적을 가지고 있으나 약 850만 명의 인구(2021년 기준)와 1년에 50-60편 정도의 영화를 제작하는 퀘벡은 영화산업 측면에서는 그리 큰 규모가 아니지만, 세계적인 시장경쟁보다는 지역에 충실한 특성을 띠고 있어 다른 지역에 비해 흥미로운 영화들이 많은 곳이다. 물론 우리도 이름을 들으면 아는 퀘벡 출신의 세계적인 영화감독도 있지만 대부분 '할리우드' 감독이라 여기는 것이 현실이다. 영국 출신의 크리스토프 놀란과 함께 현재 세계에서 가장 주목받는 감독 중 한 사람이 드니 빌뇌브인데, 퀘벡의 다문화사회와 레바논 전쟁의 참상을 고발한 <그을린 사랑Incendies>으로 호평을 받은 이후 할리우드에서 <시카리오; 암살자의 도시>(2015), <컨택>(2016), 그리고 <블레이드 러너 2049>(2017) 등을 연출하며 퀘벡보다는 할리우드를 대표하는 감독으로 각인된 상황이다. 자비에 돌란Xavier Dolan도 퀘벡을 대표하는 젊은 감독인데 국내에는 그냥 외국의 영화감독 정도로 알려져 있다. 그리고 <달라스 바이어스 클럽>(2013)이나 <데몰리

션>(2015)으로 전 세계의 주목을 받았으나 아쉽게도 2021년에 유명을 달리한 장 마크 발레Jean-Marc Vallée도 퀘벡의 감독 보다는 할리우드 감독으로 알려져 있다.

　이런 상황이지만 퀘벡 영화는 자신들이 개척하였던 대자연과 프랑스로부터 이주한 자신들의 정신세계 그리고 영국 식민 지배에서 비롯되는 불평등한 현실, 그리고 이러한 현실을 극복하고 퀘벡을 현대화하기 위한 '조용한 혁명'에 이르기까지 퀘벡의 사회와 역사가 고스란히 수렴되는 공간으로 작동하고 있다. 그래서 북미 영화시장의 치열한 경쟁 속에서도 퀘벡은 자신의 문화 정체성을 지키는 영화를 제작하는 데 열중하고 있는 것이다. 특히 퀘벡은 1950년대 들어 정체성에 대한 문제의식을 겪게 된다. 프랑스 이주민의 개척지에서 영국의 식민지로 전락하며 발생한 경제적 불균등과 캐나다 거주 프랑스인에서 '퀘벡인'으로 탈바꿈하려는 정체성 문제를 퀘벡의 영화는 퀘벡만의 호흡과 리듬으로 영화에 담아내었다. 그리고 '퀘벡'이라는 정체성을 확립하기 위해 60년대와 70년대를 거치며 시대정신과 대중의 공감대를 확인하고 '퀘벡은 무엇인가?'라는 질문을 대중에게 던졌고 이러한 문제 제기를 통해 퀘벡의 정체성에 대한 방향성을 제시하기도 하였다. 이러한 사회적인 메시지가 담긴 영화는 단지 투쟁을 강조하는 선동적 이미지가 아니라 세계적인 반향을 불러일으킨 퀘벡만의 영화 미학 속에서 표현되었다. 이러한 시기에 제작되었던 퀘벡의 영화는, 산업화를 통해 영화의 양적 팽창에는 성공을 거두었지만, 질적인 측면에서 빈곤을 면치 못하고 있는 한국 영화의 현실에서 우리 영화가 추구해야 할 방향에 대한 가능성을 이미 보여주었다는 차원에서 그 가치를 평가할 수 있을 것이다.

몬트리올 시내의 다양한 지역들

몬트리올은 다양한 문화가 공존하는, 그야말로 다양성의 도시다. 프티 이탈리는 20세기 초부터 이탈리아 이민자들이 정착한 구역으로 이탈리아 상점과 식당들이 있다. 이들이 자신들이 재배한 과일과 야채를 팔기 시작한 것이 장탈롱 시장의 출발이다. 프티 베트남은 1975년 베트남 패망 후 베트남인들의 이주로 만들어진, 비교적 최근에 형성된 이주민 구역이다. 보드리 지하철역을 중심으로 생트카트린 거리를 따라 동서로 이어지는 빌라주는 북아메리카에서 가장 큰 성 소수자 거주 구역이다. 축제, 열정적인 밤 문화, 맛있는 요리, 백 년 이상 된 집들이 제공하는 아늑한 잠자리, 골동품 가게와 전문 상점들이 이곳의 매력을 이룬다.

퀘벡의 가톨릭 성당들은 사회적 영향력을 잃기 시작한 70년대부터 변신 중이다. 공공시설로, 콘도미니엄으로, 극장으로… 하지만 중요한 성당들은 여전히 방문객들로 붐빈다. 특히 치유의 기적으로 유명해진 성당들이 그렇다.

퀘벡 최고의 전통시장, 장탈롱 시장

퀘벡 최고의 전통시장, 장탈롱 시장

장탈롱 시장의 모습

북아메리카에서 가장 중요한 노천 시장 중 하나인 장탈롱 시장Marché Jean-Talon은 몬트리올의 이탈리아인 거주 지역인 프티트 이탈리 중심부에 자리하고 있다. 처음에는 '북쪽 시장Marché du Nord'이라 불렸으나 프랑스가 북미에 개척한 식민지의 최초 총독이었던 장 탈롱Jean Talon을 기념하기 위해 1983년에 그의 이름을 붙이게 되었다. 장탈롱 거리 가까이 위치하고 근처에 또 지하철 장탈롱 역이 있다. 몬트리올 지역에는 남동쪽에 위치한, 19세기 사업가 에드윈 앳워터의 이름을 붙인 앳워터Atwater, 라쉰 운하 근처에 있는 라쉰Lachine, 메르시에 오슐라가매조뇌브에 위치한 매조뇌브Maisonneuve, 옛항구에 위치하고 1847년에 건설되어 캐나다에서 가장 아름다운 유적 중 하나인 봉스쿠르Bonsecours, 생자크와 생트바리 지역에 위치한 생자크Saint-Jacques 등의 시장이 함께 있다.

일주일 내내 개장하고(8시에서 6시까지) 일요일만 오후 5시에 조금 일찍 문을 닫는 장탈롱 시장에는 지역 산물을 중심으로 과일, 야채, 꽃, 허브 등이 판

장탈롱 시장에서 판매되는 다양한 꽃과 화분

매되는데, 정육점, 생선 전문점, 제빵점, 향신료나 치즈 그리고 치즈 등의 미식 전문 가게가 함께 있어 단지 시장이 아니라 식도락을 즐길 수 있는 공간이기도 하다. 겨울에는 외부 벽을 세워 실내 시장이 되고 4월 말부터 다시 야외시장이 된다.

장탈롱 시장의 과거와 오늘의 의미

1900년경 이탈리아에서 이주해 온 사람들이 정착하면서 이 지역은 '작은 이탈리아'라는 뜻으로 '프티트 이탈리'라고 불렸는데, 이때 형성된 이탈

장탈롱 시장의 다양한 판매대

리아 지역이 지금까지 이어져 오고 있다. 이 구역에서 농산물을 판매하기 시작하였고 1929년 세계 대공황으로 인해 실업을 해소하고자 시장을 만든 것이 장탈롱 시장의 시작이다.

세계적 경향인 친환경 먹거리 공급과 대중 시장의 지속적 발전을 위해 장 탈롱 시장 위원회는 생산자와 판매자 사이의 중간 유통자를 가능하면 없애고 있으며, 불가피한 경우 둘 이상의 중간 판매상을 거치지 못하게 하고 있다. 그래서 판매자들이 직접 생산한 제품들을 판매하는 경우가 대다수이다.

이 시장을 다룬 다큐멘터리 영화도 제작되었는데, 장필립 뒤발Jean-Philippe Duval과 엘렌 쇼케트Hélène Choquette가 캐나다국립영화제작소(ONF)의 의뢰로 제작한 <장탈롱 시장Marché Jean-Talon>(2003)이라는 6편에 걸친 다큐멘터리 시리즈가 그것이다. 6개월에 걸쳐 이 시장 사람들의 일상과 노력, 그들이 꿈꾸는 것에 이르기까지 장탈롱 시장을 둘러싼 생생하고 다양한 모습을 포착하여 보여주는 영화이다.

누벨프랑스 최초의 지사 장 탈롱

그러면 이 시장의 이름은 어디서 유래한 것일까? 그것은 퀘벡지역에 파견된 공식적인 최초의 지사인 장 탈롱(1626-1694)의 이름에서 유래한다. 장 탈롱은 프랑스의 샬롱(현재의 샬롱앙샹파뉴Châlons-en-Champagne 지역)에서 태어나 '누벨프랑스' 초대 지사를 지낸 인물이다. 누벨프랑스는 프랑스가 북미를 개척하였을 때 현재 캐나다 지역을 새로운 프랑스라는 의미로 '누벨프랑스Nouvelle-France'라고 명명한 데서 시작된다. 루이 14세와 재상 콜베르에 의해 임명되어 1665년에서 1668년, 1670년에서 1672년 두 번에 걸쳐 약 5년간 누벨프랑스의 지사를 역임하면서 장 탈롱은 이 지역을 세 번 방문하였고, 프랑스가 개척한 식민지의 현황을 알기 위해 인

장 탈롱의 초상

구조사를 시행하거나, 필요한 것들의 우선순위를 정하는 등 체계적으로 관리하여 이 지역을 획기적으로 변모시킨 것으로 유명한 인물이다. 이런 업적으로 퀘벡에서는 그를 퀘벡의 '아버지들' 중 한 사람으로 추앙한다. 그가 태어난 샬롱앙샹파뉴 지방뿐만 아니라 퀘벡 의회 입구를 비롯해 곳곳에 그의 동상이 있으며, 퀘벡에서는 지하철역, 거리명, 지역, 시장 등 그의 이름을 사용하는 곳이 47군데에 이를 정도로 퀘벡인의 존경을 받고 있다. 프랑스에서도 그의 업적을 알리기 위해 1993년에 설립한 '장 탈롱의 친구들Association des amis de Jean Talon'이란 협회가 존재할 정도로 존중받고 있다. 그의 이름은 시장 인근의 지하철역에도 붙여져 시장과 함께 이 지역을 대표하는 이름이 되었다.

프티 베트남과 소설가 킴 투이

프티 베트남과 보트 피플

프티 베트남Petit Vietnam은 북쪽의 카스텔노 거리rue de Castelnau와 남쪽의 보비앵 거리rue de Beaubien 사이, 동쪽의 크리스토프 콜롱 거리rue de Christophe-Colomb와 서쪽의 파르크 대로Avenue du Parc 사이에 위치하고 있다. 프티 베트남은 프티트 이탈리아 차이나타운과 같은 다른 이민자들의 거리에 비해 비교적 짧은 역사를 가지고 있다. 왜냐하면 베트남인들의 이주가 대대적으로 이루어진 것이 1975년 4월 30일 베트남 공화국의 패망 이후였기 때문이다.

'보트 피플'이라고 불리는 남 베트남 출신 난민들의 해상 망명 행렬이 퀘벡에 도착한 시기는 총 세 시기로 나누어 볼 수 있다. 첫 번째 시기는 1975년과 1976년의 패망 직후 시기이다. 이 시기의 망명자들은 미군의 철수와 함께 베트남을 빠져 나왔기 때문에 사실 좁은 의미의 '보트 피플'이라고 부를 수 없다. 주로 사회지도층이나 상류층 사람이었으며, 이미 캐나다나 퀘벡에 정착한 일가 친척들이 있는 경우가 대부분이었고, 교육수준이 높고 프랑스어를 구사하는데 어려움이 없는 사람들이었다. (베트남은 1954년까지 프랑스의 식민지였다.) 두 번째 시기는 1978년과 1982년 사이의 시기이며, 이 시기의 난민들 수가장 많다. 이 시기에는 주로 중국계 베트남인들과 중산층 출신 난민들이 주를 이뤘다. 캐나다 정부는 난민들의 국제적 구호 호소를 받아들여, 1979년에 5만 명, 그리고 1980년에 추가로 1만 명의 망명을 받아들였고, 퀘벡주는 이들 중 13,000명의 난민을 받아들였다. 세번째 시기인 1983에서 1986년 사이에도 지속적으로 베트남 난민이 발생했는데, 이 시기의 난민들은 사상재교육과 투옥을 피해 망명한 정치가, 공무원, 군인이나 지식인들이 많은 비중을 차지했다. 망명을 신청한 이들 베트남 난민들은 퀘벡 정부 또는 민간 차원에서 난민 지위를 보증 받고 지정된 거주지에 배치되었다.

2016년에 실시한 인구조사를 참고하면, 퀘벡주에는 베트남에서 출생 후 퀘벡으로 이주해온 1세대 베트남계 캐나다인이 25,440명이 살고 있으며, 이 중에서 몬트리올 권역에 23,465명이 살고 있다. 그리고 스스로를 베트남계 캐나다인, 혹은 베트남계 퀘벡인으로 인식하는 사람들(2세대 혹은 3세대)은 퀘벡에 43,080명이, 그 중에서 몬트리올에 38,660명이 거주하고 있는 것으로 나타났다. 몬트리올에서 베트남계 사람들이 가장 눈에 띄는 직업군은 약사와 간호사와 같은 전문 직업군이다. 물론 한국계 사람들이 몬트리올에서 대부분 편의점을 운영하고 있다고 생각하는 것과 비슷한 선입견일 수 있고, 특히 몬트리올의 약국 간판에는 약사의 이름을 꼭 적어 넣게 되어 있어 베트남계 이름이 더욱 눈에 띄는 것일 수도 있다. 프티 베트남에는 약 180 개의 상점들이 모여 있는데, 몬트리올 주민들의 사랑을 받고 있는 베트남 쌀국수 집, 동양 식재료 상점들만이 아니라 베트남 가톨릭 신자들이 가는 생마르티르 뒤 비에트남 가톨릭 교회Église Saints-Martyrs-du-Viêtnam, **카오 다이교 사원**Temple Cao Daï, 투엔 톤 불교 사원Temple de Thuyen Ton 등이 있다.

킴 투이

킴 투이Kim Thùy는 1968년 베트남 공화국의 사이공Saïgon(현 호찌민 시)의 한 유복한 가정에서 태어났다. 하지만 베트남 공화국의 패망 이후인 1978년, 킴 투이의 가족들은 격변하는 나라를 뒤로 하고 배를 타고 해외로 망명길에 올랐다. 앞서 언급한 '보트 피플'이었던 그의 가족은 그 후로 말레이시아에 있었던 UN산하 국제난민수용소 생활을 하다 1979년 캐나다에서 난민 신분을 공식적으로 인정받아 1979년 퀘벡주 동남쪽 캉통드레스트Cantons-de-l'Est에 있는 그란비Granby 시에 마련된 난민용 주택에서 새로운 삶을 시작하게 된다.

킴 투이는 몬트리올 대학교에서 번역학과 법학 학위를 취득하고 1995년부터 변호사로 4년간 일하다가, 2002년 몬트리올에서 베트남 레스토랑인 '루 드 남Ru de Nam'을 개업하고 5년간 운영했다. 레스토랑 폐업 이후, 킴 투이는 2009년에 첫 소설 『루Ru』를 펴내며 퀘벡과 프랑스에서 평단과 독자들의 커다란 관심과 사랑을 받는다.

『루』는 킴 투이의 자전적 소설로서, 망명 이전의 사이공과 보트 피플로서 난민촌에 입소해 겪었던 일, 난민의 신분으로 하얗게 눈이 쌓인 3월의 퀘벡에 도착해 그란비에서 살아간 경험, 그리고 베트남 하노이에서 3년 동안 일한 경험담들이 촘촘히 서로 엮여 있다. 그리고 소설 속에서 그는 퀘벡 사람이자 베트남 사람이었지만, 또 퀘벡 사람도 아니고 베트남 사람도 아닌 자신의 정체성에 대해서 "나는 그 어느 누구에게도 속하지 않고 그들 모두를 사랑하기로 선택했다."고 선언한다. 킴 투이는 이 소설로 캐나다총독문학상을 필두로 여러 문학상을 수상했다.

  2013년에는 소설 『만Mãn』이, 2016년에는 『비Vi』가 출간된다. 이어서 퀘벡과 미국 각지에서 뿌리내리고 살았던 이모들 다섯 명과 엄마가 알려 준 베트남 음식 레시피를 정리한 요리책이며 수필집인 『베트남 여자들의 비밀Le secret des Vietnamiennes』(2017)이 발간된다. 2018년에는 뉴 아카데미 스웨덴 문학상(구 노벨문학상)의 후보에 오르는 영광을 안았다. 그리고 2020년에 또다시 소설 『음Em』을 발표하며, 왕성한 활동을 이어가고 있다.

기적의 기억, 몽루아얄의 성 요셉 성당

성 요셉 성당

　성 안나드보프레 성당, 노트르담뒤캅 성당Sanctuaire Notre-Dame-du-Cap, 성 앙투안 암자Ermitage Saint-Antoine de Lac-Bouchette와 함께 퀘벡의 4대 성지 가운데 하나인 성 요셉 성당Oratoire Saint-Joseph du Mont-Royal은 퀸메리 거리 3800번지, 몽루아얄 언덕의 북서쪽 경사면에 위치한다. 퀘벡시에 위치한 성 요셉 성당Oratoire Saint-Joseph de Québec과 혼동을 피하기 위해 '몽루아얄'과 '퀘벡시'라는 지명을 뒤에 붙이기도 한다. 캐나다의 수호성인 성 요셉에게 봉헌된 몽루아얄 성 요셉 성당은 예배당으로서는 세계에서 세 번째로 큰 규모로, 매년 약 200만 명이 찾는다.

기적의 치유사 앙드레 수사

성 요셉 성당의 역사는 앙드레 베세트André Bessette(1845-1937) 수사가 세운 자그마한 성소에서부터 시작된다. 허약한 체질을 타고났고 정규교육도 받지 못했던 그는 1874년 2월, 29세의 다소 늦은 나이에 종신 서원을 하게 된다. 허약했지만 성실했던 그는 노트르담 학교Collège Notre-Dame에서 문지기로 근무하며 학생들을 돌보던 중, 1877년 처음으로 다리가 불편한 학생을 기도로 치유하는 데 성공했다. 이에 대한 소문이 빠르게 퍼지며 기적을 바라는 환자들이 줄지어 대학을 찾아왔고, 앙드레 수사는 성 요셉 동상 앞에서 그들을 맞이했다. 갈수록 늘어나는 환자들로 학부모들의 불만이 끊이지 않자 마침내 학교는 그에게 별도의 공간에서 환자를 돌볼

앙드레 수사 예배당의 전경

것을 요구하기에 이른다. 하지만 기적적으로 치유된 환자들이 주위 사람들에게 자신의 경험을 이야기하면서 '기적의 치유사' 앙드레 수사의 명성은 더욱 높아지고, 1900년에는 성 요셉을 위한 작은 성소가 세워진다. 기적을 바라며 이 성소를 찾은 신자들의 자발적인 기부금 덕분에 1904년에는 목조 예배당이 지어졌지만, 점점 늘어나는 신자들을 모두 수용하기에는 여전히 협소했으므로, 1908년과 1910년 두 차례에 걸쳐 예배당 확장 공사가 이루어졌다. 이후 1924년에는 성당 건설이 시작되어 앙드레 수사 사후 30년이 지난 1967년이 되어서야 비로소 완공된다.

성당은 긴 공사 기간만큼이나 많은 건축가의 공동작업으로 이루어졌다. 성당의 일부분과 지하실은 파리 몽마르트 언덕의 사크레쾨르 성당 Basilique du Sacre-Coeur de Montmartre에서 영향을 받았다. 성당이 완공된 후, 건축가 뤼시앵 파랑Lucien Parent은 앙드레 수사의 기적을 기리기 위해 별도의 예배당을 지어 봉헌했다. 또한 앙드레 수사의 기적적인 치유를 경험한 신자들은 목발과 지팡이, 의족 등을 성당 지하에 두고 걸어 나왔는데, 이 수많은 보조기구는 지금도 예배당에 보관되어 있다.

1937년 1월, 앙드레 수사의 장례식에는 북미 전역에서 백만 명이 넘는 조문객들이 찾아와 그의 죽음을 애도했다. 그는 1982년에 교황 요한 바오로 2세에 의해 시복되었고, 교황 베네딕토 16세는 2010년에 그를 성인의 반열에 올렸다. 앙드레 수사의 시신은 검은 대리석으로 만들어진 무덤에 안치되어 있으며, 그의 심장은 몬트리올 대주교 조르주 고티에Georges Gauthier의 지시로 별도 보관되어 있다. 이는 존경과 감사를 표하기 위해 심장을 보존했던 중세 프랑스와 이탈리아의 전통에 따른 것이다.

성당의 돔과 십자가의 길

성당에서 가장 눈에 띄는 돔은 프랑스의 유명한 종교건축가 돔 벨로 Dom Bellot(본명은 폴 벨로Paul Bellot)와 뤼시앵 파랑이 로마의 성베드로 대성당에 영감을 받아 설계한 것이다. 도시 각지를 포함해 몬트리올섬 바깥에서도 보일 정도로 거대한 돔은 직경 39m, 높이 60m로, 외부의 십자가(6.1m)까지 포함하면 몬트리올에서 가장 높은 해발 300m의 높이를 자랑한다. 퀸메리 거리부터 몽루아얄 언덕에 위치한 성당에 이르기까지 283개의 계단이 놓여 있는데, 그중 99개의 나무 계단은 순례자들이 무릎을 꿇고 기도하면서 올라갈 수 있다.

성당의 정원 중심부에는 그리스도의 수난을 형상화한 42개의 조각품들로 장식된 십자가의 길이 조성되어 있다. 이는 퀘벡의 조각가 루이 파랑 Louis Parent이 1943년부터 1953년까지 10년에 걸쳐 작업한 것으로, 순례자들은 십자가의 길을 거쳐 성당 안으로 들어가게 된다. 1960년에는 성당 내부에도 십자가의 길이 만들어졌다. 2004년에는 성당 건립 100주년 기념식이 거행되었으며 같은 해 캐나다의 국립사적지로 지정되었다.

몬트리올 포럼

아이스하키의 발상지 퀘벡

세계에서 가장 빠른 단체 스포츠로 알려진 아이스하키는 캐나다에서 시작된 것으로 알려져 있다. 정확하게 그 근원을 찾는 일은 쉽지 않지만 북아메리카에 이주한 유럽인들이 프랑스의 크로스crosse, 스코틀랜드의 션티shinty 아일랜드

카나디앵 드 몽레알 팀의 로고

의 헐링hurling과 네덜란드의 밴디bandy, 영국의 필드하키 등과 같이 이미 존재하던 유사한 게임들을 유럽에서 온 이주민들이 전래하고 이들을 북미의 겨울 환경에 맞게 변용한 것이 이후 아이스하키로 발전하게 되었다고 공통으로 기록하고 있다. 핼리팩스나 윈저Windsor, 킹스톤Kingston 등 캐나다의 여러 도시에서 시작이 되었지만, 공식적으로 오늘날과 같은 현대 아이스하키가 만들어진 것은 퀘벡의 몬트리올이라는 것을 아는 사람이 많지 않다. 19세기 말이 되면 경합하던 유사한 경기들을 제치고 아이스하키가 캐나다의 국가적인 스포츠가 된다.

공식적인 최초의 아이스하키 경기는 1875년 3월 3일 가제트지(誌)에 실린 기사로 확인할 수 있는데 이전에는 맥길 대학교 학생 위주의 소규모 그룹에서 이루어졌었다고 전해진다. 이후 맥길 대학교의 학생들이 경기 규칙을 만들게 되어 오늘에 이르고 있다.

몬트리올 겨울 카니발

그런데 흥미롭게도 아이스하키의 역사를 살피다 보면 지금은 몬트리올 카니발로 계승된 몬트리올 겨울 카니발과 만나게 된다. 카니발은 주현절(1월 6일)과 사순절의 첫날인 마르디 그라(2월 3일에서 3월 9일 사이 이동 축일) 사이에 진행되는 축제인데 일견 아이스하키와는 상관없어 보이는 유럽의 종교 축일이다. 하지만 유럽의 이주민들이 퀘벡지역에 정착하면서 추위를 잊기 위해 유럽의 카니발을 자신들의 방식으로 개최한 것이 몬트리올 겨울 카니발의 유래이다. 1883년에 처음 시행하여 1889년까지 지속되었는데, 유럽 카니발의 종교적인 축제 성격과 달리 설피 경주, 컬링, 눈썰매, 스케이트, 아이스하키 등 추운 계절에 다양한 겨울 스포츠를 즐기는 축제가 되었다. 그리고 이때 카니발 주최 측에서 아이스하키 클럽들이 번갈아 시합할 것을 요청하여 최초의 토너먼트가 시작되었고 이를 계기로 아이스하키가 대중의 인기를 얻게 되었다. 1888년에 새로 부임한 총독 프레데릭 아더 스탠리Frederick Arthur Stanley가 몬트리올 카니발에서 아이스하키 경기를 보고 매혹되어 1889년 시합에서 처음으로 우승한 팀에게 상으로 우승컵을 수여하였는데 이 트로피가 이후 '스탠리컵'이 된다.

퀘벡 민족주의의 또 다른 산실 포럼

이후 아이스하키는 캐나다 전역으로 퍼져나가며 본격적으로 전문직업 팀이 등장하고 점점 대중의 사랑을 받게 된다. 1900년부터 퀘벡의 프랑스계 주민을 대표하는 팀은 두 개였는데 1909년에 '캐나다 하키 클럽Club de hockey Canadien'만 남게 되었다. 이 시기는 프랑스계 주민들의 민족주의가 상승하던 때라 퀘벡의 프랑스계 주민들은 영국계 팀을 응원하기보다 캐나다 하키 클럽 소속의 '카나디앵 팀Canadiens'을 응원하였다. 프랑스계라는 친근감으로 선수들을 '주민들Habitants'이나 '나르는 프랑스인 Flying Frenchmen'이라 부르며 선수와 팀에 민족주의를 투사한 것이다. 경제적으로 열등한 지위에 있던 프랑스계 주민들이 영국계 주민을 이길 수 있는 방법이 아이스하키여서 이들은 더욱 열광적인 팬이 되어갔고, 특히 1920년대가 되면 '카나디앵 드 몽레알Canadiens de Montreal'만 프랑스계 팀으로 남게되어 이러한 현상은 더욱 두드러졌다. 세계에서 가장 오래된 아이스하키팀인 카나디앵은 여전히 활동 중이고 프랑스어로 '리그 나쇼날 드 오케Ligue nation ale de hockey'라 부르는 LNH, 영어로 NHL이라 부르는 북아메리카프로 아이스하키 리그에서 스탠리컵을 가장 많이 (24회) 차지한 강팀으로 프랑스계 주

카나디앵 드 몽레알 팀이 사용하던 '포럼'의 과거 모습을 재현한 공간

민들의 열망에 부응한 역사를 가진 팀이다.

이 팀은 '몬트리올 포럼Forum de Montreal'이라 명명된, 몬트리올 시내에 있는 다용도 원형 경기장을 시합이나 연습장으로 사용하였는데, 바로 이곳이 1924년부터 퀘벡의 프랑스계 주민들이 카나디앵 드 몽레알 팀에 자신들을 동일시하며 민족주의를 열렬히 키워가던 스포츠 민족주의의 중심 공간이 된다. 그리고 또 이곳은 퀘벡의 민족주의가 아이스하키에 수렴되는 양상이 정점에 이른 '모리스 리샤르Maurichard Richard 소요' 또는 '포럼 폭동émeute du Forum'이라 부르는 사건이 발생하였던 공간이기도 하다. 조용한 혁명이 점점 무르익고 있던 지점인 1955년 3월 13일 아이스하키 역사상 가장 위대한 선수 중 한 사람이며 그의 빠른 경기 스타일을 사랑한 팬들이 '로켓Rocket', 또는 '혜성Comète'이라 불렀던 카나디앵 팀의 모리스 리샤르가 선심을 때리고 시즌이 끝날 때까지 나머지 경기 출전이 금지되는 사건이 발생한다. 상대 팀 해롤드 래이커가 시합 중 리샤르를 스틱으로 수차례 가격하였음에도 심판이 래이커를 제지하지 않자, 이에 위협을 느낀 리샤르가 심판을 구타한 것이 브루인스 경기장에서 발생한 이 사건의 전말이다. 경기가 끝나고 리샤르는 출전 정지를 당하지만 래이커는 아무런 벌칙을 받지 않게 된다. 그 전부터 프랑스계 팀에 불리한 판정을 한다는 피해의식을 가지고 있던 프랑스계 주민들은 3월 17일 다음 경기가 열리는 포럼에 대거 몰려가 시합 중 북미아이스하키 리그 위원장에게 야유와 물건을 던져 상처를 입히는 소요가 발생하게 되었다. 이후 사건이 너무 커질 것을 걱정한 모리스 리샤르가 직접 방송에 출연하여 자제해 달라고 요청하여 일단락되긴 하였지만, 이 사건은 이후 1950년대 말에 시작되는 '조용한 혁명'의 전조가 되는 사회적 변혁의 시발점으로 간주된다. 역사상 최고의 아이스하키 선수였던 모리스 리샤르가 78세로 영면하였을 때 퀘벡인들은 몬트리올 성당에서 대주교가 집전하는 국장(國葬)으로 퀘벡의 스포츠 영웅에게 작별을 고할만큼 아이스하키에대한 퀘벡인들의 사랑은 각별하다

 퀘벡의 민족주의가 수렴되고 꽃피었던 공간인 '포럼'은 카나디앵 팀이 1996년 댈라스 스타 팀과 가진 마지막 경기 이후 벨 센터Bell Center로 이전하면서 캐나다의 역사유적지로 지정되었고, 2001년에 복합상업 공간으로 변모하여, 현재는 '포럼 펩시'에 이르고 있다. 이 공간의 일부에는 과거의 경기장을 재현한 구조물과 모리스 리샤르의 동상 그리고 카나디앵 팀의 영광을 기억하는 장소가 마련되어 있어 당시의 찬란함을 여전히 느낄 수 있다.

생앙리, 산업화의 그늘과 프랑스계 노동자의 애환

생앙리Saint-Henri는 몬트리올 남서부에 위치한 교외 지역이다. 남쪽으로는 라쉰운하가 흐르고 있고, 북쪽으로는 노트르담드그라스Notre-Dame-de-Grâce와 웨스트마운트Westmount 지역이 있다. 생앙리 지역에는 두 개의 지하철역, 즉 생앙리광장Place-Saint-Henri역과 리오넬그루Lionel-Groulx역이 있으며, 두 개의 고속도로(15번, 720번)와 한 개의 국철이 지나간다. 라쉰수로에는 2002년부터 요트와 유람선이 운항하고 있으며, 수로를 따라서는 여러 개의 자전거 도로도 설치되어 있다.

1813년 즈음에 이곳은 생앙리데탄느리Saint-Henri-des-Tanneries라는 이름으로 알려졌다. '탄느리tannerie(무두질)'라는 말에서 알 수 있듯이, 초기에 이곳은 무두질 공장들이 있던 마을이었다. 1825년의 인구조사에 따르면, 이 마을에는 470명의 주민이 살고 있었는데 그 가운데 147명이 노동자였으며, 그 중 102명이 무두질 공장의 노동자였다고 한다.

생앙리 지역은 1905년에 몬트리올시에 편입된다. 이 시기를 전후한 산업화의 물결에 따라 이 지역에는 공장들이 많이 들어서게 되며, 동시에 농촌 주민들이 이주해 오면서 급격한 인구 증가가 이루어진다. 그곳에 유입된 농촌 주민들은 주로 오랫동안 조상들로부터 물려받은 땅에서 농사를 지어오던 프랑스계 캐나다인들이었다. 생앙리의 지역적 특성은 이러한 역사적 흐름으로 규정되는데, 한마디로 말해서, 프랑스계 캐나다인들이

주를 이루는 노동자 계급이 거주하는 몬트리올 교외 지역이라고 할 수 있겠다.

생앙리는 소설가 가브리엘 루아Gabrielle Roy(1909-1983)의 『싸구려 행복 Bonheur d'occasion』 (1945)의 배경이 되어 유명해지기도 했다. 19세기 중반부터 시작된 퀘벡 문학은 영국계 캐나다인들에게 둘러싸여 생존의 위협까지 느끼는 프랑스계 캐나다인들의 동질성 회복과 민족의식 고취를 지향하면서 발전한다. 따라서 퀘벡 문학은 공동체적이며 민족주의적일 수밖에 없었다.

그러나 오랫동안 이어져 온 농촌 공동체 기반의 퀘벡 사회 역시 산업화를 수용할 수밖에 없게 되면서 프랑스계 캐나다인들은 도시로 이주하게 된다. 농촌에서 도시에 '이식된' 이들은 곧 노동자 계층의 주 구성원이 된다. 당연히 작가들은 이런 사회 변화에 무감할 수 없었다. 이제 문학작품 속에 도시가 등장하게 되며, 도시 생활에서 나타나는 많은 개인적인 문제가 소설의 주제가 된다. 이처럼 퀘벡 문학에서 소설의 주제는 프랑스계 캐나다인들 공동체의 공적인 문제에서 개인의 개별적인 문제로 옮겨가는데, 그 전환점에 바로 가브리엘 루아의 『싸구려 행복』이 위치한다.

『싸구려 행복』은 프랑스계 캐나다인들이 많이 사는 바로 이 생앙리를 소설의 배경으로 삼아, 그곳에서 벌어지는 한 가난한 노동자 가족의 이야기를 사실주의적으로 세세히 묘사한다. 이 소설은 이제까지의 퀘벡 민족 공동체의 현실과 미래에 대한 서사가 아닌, 한 도시 빈민 가정의 가난 및 만성적인 실업과 비참 속에 허덕이는 여러 청년 작중 인물들의 개인적 이야기가 중심이 된다.

가난한 도시 노동자들이 모여 사는 이 생앙리 지역은 그 지역 북쪽으로 거의 붙어 있는 부유한 웨스트마운트 지역과 자주 비교되었다. 『싸구려 행복』에서 '엄격한 영국식 안락에 젖은 웨스트마운트 타운'이라고 묘사되듯이, 이 작품에 따르면 이 지역은 생앙리를 포함한 몬트리올시 전체의 주민들보다 평균 수입이 3-4배가 넘는 부자들이 사는 곳인데, 이 지역 주민들은 대부분 개신교도들인 영국계 캐나다인들이다.

생앙리의 아이들과 가브리엘 루아(1945)

빌라주 게, 어둠에서 자긍심으로

　빌라주 게Village Gai 혹은 빌라주Village는 성 소수자LGBTQ들의 동네로서 몬트리올 빌마리지역에 있다. 몬트리올 중심에서 동쪽으로 1.6km 떨어진 곳에 자리잡은 이 동네는 플라토 몽루아얄의 라 퐁텐 공원 남쪽, 라탱 지구Quartier Latin의 동쪽에 붙어 있으며, 이 지역의 중심을 생트카트린 거리가 지난다. 그리고 지하철 오렌지 선의 보드리 역station Beaudry이 이 지역 내에 위치한다.

　빌라주 지역에는 1974년에 동성애자 전용 성인용품 가게인 프리아프Priape가, 그리고 1975년에 디스코텍인 부아트오노Boîte en Haut가 문을 열면서 성 소수자들의 방문이 늘기 시작했다. 특히 부아트오노는 디스코텍이기도 했지만 음악 공연과 여장 남자들의 공연을 선보이기도 했다. 이 시기에는 아직 성 소수자들이 빌라주 지역에 거주하지는 않았으며, 대부분 빈 건물이거나 저임금 노동자들이 사는 동네였다. 하지만 1976년에 몬트리올시에서 하계 올림픽을 치르기 위해 도심부와 몬트리올 서쪽 지역에 있던 성 소수자들이 가는 디스코텍이나 바를 폐쇄하는 조치를 내린다. 특히 1977년 10월, 경찰이 도심부 스탠리 거리rue Stanley에 있던 게이 바 미스티크Mystique와 트뤽스Truxx에서 144명을 음란죄로 연행하는 사건이 터지자, 성 소수자들은 결집하여 다음날부터 몬트리올 경찰의 탄압에 종지부를 찍고자 데모를 시작한다. 이러한 사건 이후로, 1977년 12월 15일 퀘벡주 정부는 성 정체성을 이유로 한 차별을 금지하는 88호 법을 제정했고 연행되었던 성 소수자들을 무죄 방면했지만, 이 체포 사건 여파로 도심에 있던 가게들은 대부분 빌라주 지역으로 이전하게 된다.

1980년대에 이르러 빌라주의 성 소수자 가게들과 주민이 집중적으로 늘어난다. 당시까지 아직 사회적 인식이 좋지 않았음에도 불구하고, 정부의 적극적인 재정 지원을 받아 빌라주 동네의 홍보가 대대적으로 시작되었다. 2006년 성 소수자들의 스포츠, 문화 행사인 '세계 아웃게임Outgames mondiaux'이 몬트리올에서 최초로 열렸다. 이 게임에는 12,000명의 스포츠 선수들이 참여했고, 250,000명 이상의 관광객이 몬트리올과 빌라주를 방문했다. 2007년부터 매년 8월에는 '몬트리올 자긍심'라는 뜻의 피에르테 몽레알Fierté Montréal, 즉 몬트리올 게이 프라이드 축제를 개최하는데, 캐나다에서 가장 큰 성 소수자 축제이며, 트뤼도 캐나다 총리, 몬트리올 시장과 같은 정치인들도 퍼레이드에 함께 참여하기도 한다.

2011년부터 여름이 되면 빌라주에는 줄줄이 엮어 늘어트린 170,000개의 핑크색 플라스틱 공들이 길을 장식한다. 생카트린 거리는 차단되고, 핑크색으로 덮인 거리는 1km 정도 이어진다. 이 설치물은 성 소수자들을 상징하는 무지개 깃발처럼 이 동네를 대표하는 이미지가 되었고, 2016년에는 분홍색뿐 아니라 무지개 색 공들이 사용되기도 했다. 물론 일부 성 소수자들은 빌라주가 이성애자들이 성 소수자들을 구경하는 일종의 동물원 같은 신세가 된 것에 불만을 가지기도 하지만, 그래도 성 소수자들 사이에서는 오랜 억압에 맞서 싸워 일구어 낸, 밝고 건강한 이미지의 이 동네에 대해 자부심을 가지는 것도 사실이다. 이곳에는 많은 LGBTQ 커뮤니티, 청소년 보호센터, 자살 방지 도움 센터, 마약중독자의 재활을 돕는

클리닉들이 운영되고 있다. 성 소수자임을 밝힌 퀘벡의 유명인으로는 퀘벡 솔리데르Québec solidaire 정당 소속의 주의회 의원 마농 마세Manon Massé, 작가 미셸 트랑블레가 있다.

플라스틱 공으로 장식된 빌라주 게의 거리

자크카르티에 다리와 퀘벡의 슬픈 역사

교량의 어제와 오늘

자크카르티에 다리Pont Jacques-Cartier는 생로랑강에 우뚝 서 있는 캔틸래버 방식으로 건설된 트러스 다리로 롱게이Longueuil와 몬트리올을 잇고 있다. 1930년에 건설된 이 다리의 처음 명칭은 프랑스의 지명에서 유래한 것으로 '아브르 다리pont du Havre'였다. 하지만 유럽인으로는 최초로 퀘벡을 탐험하면서 생로랑강에 관한 기록과 지도를 남긴 자크 카르티에(1491-

자크카르티에 다리와 드 로리미에 거리의 모습

1557)를 기리기 위해 주민들의 청원으로 1934년에 새롭게 명명되었다. 상류 쪽으로 바로 위에 있는 샹플랭 다리와 함께 몬트리올에서 가장 통행량이 많은 다리이기도 하다. 2017년에 몬트리올 탄생 375주년과 캐나다 연방 창설 150주년을 기념해 조명 시스템을 추가하여 해가 지면 다리 전체에 조명이 펼쳐지고 365일 다른 색의 조명을 볼 수 있는 것으로 유명하다. 역사적이나 건축적인 면에서 몬트리올을 대표하는 장소 중 하나가 되었다.

슬픈 기록

다리가 높고 큰 만큼 이 다리에서 생을 마감하는 사람들이 많기도 하다. 북미에서 미국 샌프란시스코에 있는 금문교에 이어 두 번째로 자살자 수가 많은 슬픈 기록을 가지고 있다. 특히 퀘벡 영화 역사상 가장 중요한 감독 중 한 사람인 클로드 쥐트라가 치매로 고통받다 자크카르티에 다리에서 투신한 것은 유명한 사건이다. 하지만 2005년에 이러한 현상을 막기 위해 투신 방지 장치를 설치하여 현재는 개선된 상태이다.

피에뒤쿠랑 감옥과 애국자당 항거

생로랑강의 자크카르티에 다리 근처 드 로르미에 거리에 가면 피에뒤쿠랑 감옥 Prison du Pied-du-Courant을 만날 수 있다. '애국자당 감옥'으로도 알려져 있는데 1835년부터 1912년까지 감옥으로 사용되었고 1978년에 역사 유적지로 선정되었다. 과거 감옥 건물의 대부분은 텔레-퀘벡이 사용 중이

피에뒤쿠랑 감옥 앞에 있는 애국자당

고 일부만 애국자당 기념관으로 활용하고 있다. 피에뒤쿠랑 감옥이 유명한 이유는 1837년과 38년 사이 여러 차례에 걸쳐 발생한 무장봉기인 '애국자당 항거' 당시 체포된 프랑스계 당원들이 투옥되어 처형된 퀘벡 역사에서 가장 아픈 기억의 공간 중 하나이기 때문이다.

영국령 식민지인 하류지역캐나다(현재 퀘벡지역)에서 발생한 영국군과 식민지 프랑스계 주민과의 무력 충돌로 시작된 '애국자당 항거'는 19세기 초부터 있었던 식민자 영국계와 지배를 당하는 프랑스계 사이의 충돌이 표면화된 것이다. 프랑스가 1534년 이후 최초로 개척한 식민지인 누벨프랑스는 7년 전쟁 끝인 1759년에 영국에 복속된다. 이후 영국인들이 대량 유입되고 영국 왕실에 충성을 맹세하는 '시험서약'이 도입되면서 프랑스계 주민의 불만이 누적된다. 이들을 대변하던 '애국자당Parti patriote'은 프랑스계 주민의 불평등한 지위를 해소하기 위해 92개 항목으로 이루어진 결의안을 1834년 하원에 제출하지만, 당시 영국 수상 존 러셀John Russell은 오히려 식민지 총독과 정부에게 더 많은 권한을 부여하는 법안을 발표하며 프랑스계 주민의 반발을 사게 된다. 이러한 과정에서 누적된 프랑스계의 반발이 애국자당 항거로 표출된 것이다.

1837년 11월 23일 애국자당 대표인 루이조셉 파피노Louis-Joseph Papineau를 중심으로 당원들이 영국군을 공격하면서 2년에 걸친 '애국자당 항거'가 시작되었다. 하지만 전력의 차이를 극복하지 못해 영국군의 승리로 끝나고, 체포된 애국자 당원은 피에뒤쿠랑 감옥에 투옥되었다. 그중 99명이 사형 선고를 받았고 애국자당 항거의 주역인 프랑수아 드 로리미에를 포함한 열두 명이 1차로 사형 집행된다. (이 사건을 주제로 퀘벡의 대표적인 민족주의 감독인 피에르 팔라르도는 <1839년 2월 15일>(2001)이란 영화를 제작하였다.) 이후 27명은 보석금으로 석방되었고, 58명은 호주로, 그리고 나머지 두 명은 국외로 추방되었는데, 피에뒤쿠랑 감옥은 이런 고통의 기억을 간직한 장소이다. 애초에는 애국자당 항거를 진압한 영국군 총사령관 존 콜번John Colborne의 이름을 붙였다가 1883년에 드 로리미에 거리로 변경되어 오늘에 이른다.

자크카르티에 다리나 피에뒤쿠랑 감옥은 몬트리올의 다른 관광지에 비해 두드러지는 공간은 아니지만, 프랑스인에 의한 개척에서부터 퀘벡의 가장 고통스러웠던 기억을 품고 있어 퀘벡의 역사를 상징하는 공간이라 할 수 있다. 생로랑강은 북미 대륙만큼이나 거대한 규모의 강이고 세월을 두고 유유히 흘러가는 강 유역에 위치한 다리와 감옥은 퀘벡의 기억을 무심히 기억하고 있는 것 같다.

항거 희생자 추모 동상

용도 변경 중인 몬트리올의 성당들

1950년대 이후 퀘벡에서는 가톨릭의 영향력이 차츰차츰 줄어들기 시작했다. 신자 수가 현저히 줄어들었으며, 많은 예배당이 폐쇄 또는 매각되어야 하는 상황에 놓였다. 21세기에 들어 한층 가속화된 이러한 현상은 지역 사회에서 중요한 문제로 대두되어 많은 논의의 대상이 되었다. 약 100년 동안 퀘벡 전역에서 거의 850개의 예배당이 매각대상이 되어 철거 또는 개조되거나, 다른 종교를 위한 시설로 변화했다. 이들 중 상당수는 몬트리올에 있다. 1975년까지만 하더라도 몬트리올에는 471개의 예배당이 있었지만, 이후 약 절반에 해당하는 240개가 매각되었으며 그중에서도 가장 많은 비중(36%)을 차지하는 것은 가톨릭 교회다. 불교, 힌두교, 이슬람교와 같은 타 종교(64%), 공공기관(6%)이나 비영리단체(11%)에 의해 인수된 경우가 240개의 42%를 차지하며, 29%에 해당하는 70개 교회는 완전히 철거되었다. 흥미로운 점은 몬트리올에서는 오직 29%만 단독주택이나 다세대주택과 같은 주거시설, 사립학교나 도서관과 같은 교육시설, 박물관, 스포츠센터, 공연장과 같은 문화시설로 용도가 변경되었는데, 퀘벡의 다른 지역에서는 이렇게 교회의 용도가 변경된 경우의 비율이 72%에 달한다. 또한 몬트리올 시민들은 고급 아파트를 비롯한 주거시설로 개조된 것보다 지역주민을 위한 공공시설로의 변화를 훨씬 선호하는 경향을 보인다. 여기에서는 대학교, 극장, 도서관으로 변화한 경우들과 함께 한인 이민자들을 위한 성당으로 바뀐 특별한 사례를 살펴볼 것이다.

몬트리올 퀘벡 대학교UQAM로 변모한 생자크 성당

생드니 거리 1455번지에 위치한 생자크 성당Église Saint-Jacques은 몬트리올 퀘벡 대학교로 변했다. 몬트리올 교구의 초대 주교 장자크 라르티그Jean-Jacques Lartigue는 1822년에 새로운 주교좌성당 건설을 허가했고, 1825년에 성당이 축성되었다. 생자크 성당은 세 번의 화재로 소실되었다가 복원되었다. 1852년 몬트리올 대화재로 인해 1,200채의 건물이 피해를 입었는데, 이 성당도 예외일 수 없었다. 이냐스 부르제Ignace Bourget 주교는 현재의 마리렌뒤몽드Marie-Reine-du-Monde 대성당으로 몬트리올 교구의 본

현재 UQAM 대학 건물로 사용되는 생자크 성당

당을 이전했고, 생드니 거리에 있던 원래의 성당은 존 오스텔에 의해 1857년에 재건되었으나, 이듬해 1월 또 다른 화재가 일어나 벽을 제외한 모든 것이 불타버렸다. 1860년, 당시 가장 유명한 몬트리올의 건축가 빅토르 부르조Victor Bourgeau의 설계로 성당이 복원되었는데, 이때 1857년의 화재에서 훼손되지 않았던 외벽의 일부가 보존되었다. 1884년에는 사크레쾨르 예배당이 추가로 건설되었다. 그러나 이 역시 1933년에 일어난 세 번째 화재로 인해 소실되었다가 3년 후에 재건되었지만 늘어나는 부채를 감당할 수 없어 1973년 UQAM에 매각하게 된다. UQAM은 몬트리올에서 가장 높은 85미터 높이의 종탑과 회랑을 그대로 보존한 채 건물을 증축했고, 현재는 주디트자스맹관(館)으로 사용되고 있다.

극장으로 변모한 '영원한 도움의 노트르담 성당'

건축가 조제프앙리 카롱Joseph-Henri Caron(1878-1954)의 설계로 1926년에 완공된 '영원한 도움의 노트르담 성당Église Notre-Dame-du-Perpétuel-Secours'은 몽크 대로 5959번지에 위치한다. 철근콘크리트를 사용해 지어졌지만, 중세의 로마네스크 양식을 본딴 네오로마네스크 양식의 파사드를 갖춘 성당은 그 건축학적 가치로 주목받았다. 이미 20세기부터 지역 사회의 다양한 활동을 위한 공간으로 사용되었던 성당은 2005년에 폐쇄되어 2012년에는 사회적경제기업 파라독스 그룹Paradoxe Group에 매각되었다. 2014년 2월, 성당의 스테인드글라스와 파이프오르간을 보존한 채 파라독스 극장Théâtre Paradoxe이 개관해 현재는 다양한 종류의 공연을 위한 장소로 임대되고 있으며 지하에는 무대미술 기술학교가 있다.

모데카이 리클러 공공도서관으로 변모한 예수승천교회

모데카이 리클러 도서관의 전경

파르크 대로 5434번지에 위치한 예수승천교회Église anglicane de l'Ascension는 1993년에 공공도서관으로 탈바꿈했다. 18세기 말 퀘벡의 가톨릭 교회는 독자적인 예배당을 갖지 못한 성공회에 예배 장소를 제공했고, 19세기 중반에 들어서야 비로소 성공회 신자들을 위한 교회들이 건설되기 시작했다. 그리스도 교회 대성당Cathédrale Christ Church(1856-1859), 성 야고보 사도 교회Église Saint-James The Apostle(1864), 성 게오르기우스 교회Église Saint-George(1869-1870), 성 요한 복음사가 교회Église Saint-John The Evangelist(1877-1878) 등이 그것이다. 하지만 몬트리올의 성공회 신자가 지속적으로 늘어나며 새로운 교회가 필요해졌고, 네오고딕 양식의 예수승천교회는 건축가 하워드 콜튼 스톤Howard Colton Stone(1860-1918)의 설계로 1905년에 완공되었다.

예수승천교회는 마일엔드Mile-End 지역주민들의 주도로 1888년 몬트리올시에 매각되었고, 시청 소속 건축가 알베르 파케트Albert Paquette는 도서관 건설 계획에 착수했다. 원래는 동네 이름을 따 마일엔드 도서관으로 명명되었지만, 2015년 3월에 『세 번째 사랑』의 원작자로 유명한 이곳 출신의 유대계 시나리오작가 모데카이 리클러Mordecai-Richler(1931-2001)를 기리기 위해 이름을 바꿨다. 붉은색 벽돌로 된 외벽과 스테인드글라스와 내부장식 등 대부분의 요소를 그대로 보존한 모데카이 리클러 도서관은 마일엔드의 유산을 훼손하지 않으면서도 지역 사회의 문화생활을 풍요롭게 하는 성공적인 사례라 할 수 있다.

한국순교성인 성당으로 변모한 성 퀴네공드 성당

몇몇 가톨릭 교회는 다른 종교가 아니라 퀘벡으로 이주한 가톨릭 신자들을 위한 특별한 공간으로 변화했다. 한국에서 온 신자들을 위한 예배당으로 탈바꿈한, 생자크 거리 2461번지에 자리한 성 퀴네공드 성당Église Sainte-Cunégonde이 바로 이 경우에 속한다.

1874년 몬트리올 부주교 에두아르샤를 파브르Edouard-Charles Fabre가 축성한 성 퀴네공드 성당이 건립되었다. 하지만 얼마 지나지 않아 성당은 늘어난 신자들을 감당하기 힘들어졌고, 1877년에 새로운 성당이 세워졌지만 1904년에 화재로 전소되고 만다. 성당은 1906년에 재건되었지만 빌마리 고속도로 건설과 도시재개발 사업으로 인해 인구가 급감하게 되면서 1971년에는 폐쇄해야만 했고, 몬트리올 대교구는 1달러라는 상징적인 액수로 성당을 매입했다. 2003년 이 건물은 한국 천주교 공동체에 이양되어 한국순교성인 성당Église des Saints-Martyrs-Coréens으로 이름이 바뀌었다. 현재 몬트리올에 거주하는 한인 가톨릭 신자들을 위한 전용 예배당으로 사용되고 있다.

한국순교성인 성당의 전경

퀘벡의 장소들

03 퀘벡시

숫자로 보는 퀘벡시

퀘벡 구시가지
- 프롱트낙성
- 퀘벡 노트르담 대성당
- 프티샹플랭 거리
- 테아트르 프티 샹플랭
- 루아얄 광장
- 퀘벡시의 벽화, 도시로 들어온 역사책

퀘벡시와 인근의 지역과 장소들
- 생로크 구역
- 퀘벡시 음악의 전당, 팔레 몽칼름
- 퀘벡 그랑 테아트르
- 성 안나드보프레 성당
- 웬다케

숫자로 보는 퀘벡시

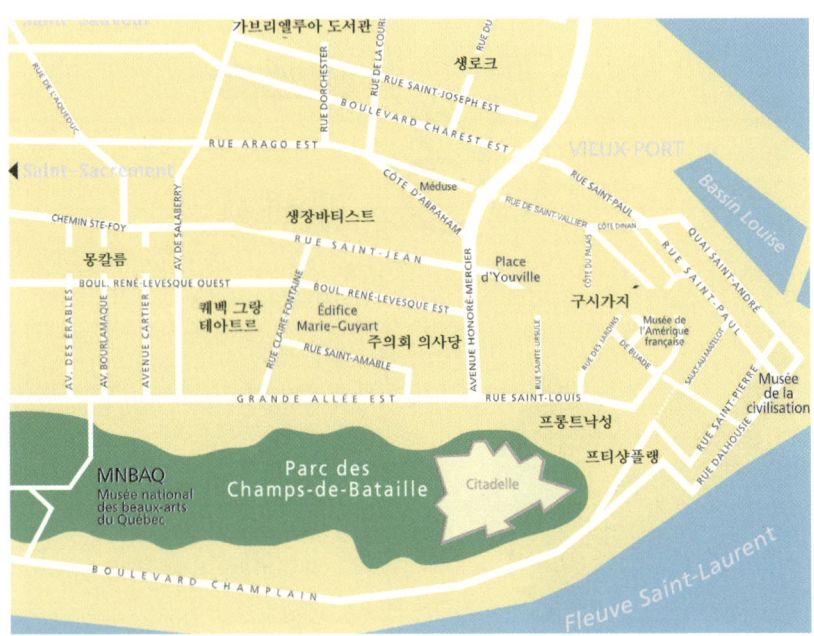

퀘벡시는 퀘벡주의 주도다. 몬트리올이 경제와 문화의 중심 도시라면, 퀘벡시는 정치적 중심 도시다. 주의회 의사당을 비롯한 많은 행정 기구들이 자리잡고 있다. 또한 퀘벡시는 북아메리카 지역의 유일한 요새 도시이기도 하다. 퀘벡시의 옛 시가지는 1985년 유네스코 세계문화유산으로 선정되었다.

1608년

퀘벡시의 탄생은 공식적으로 1608년 7월 3일이다. 사뮈엘 드 샹플랭 일행이 프랑스인 정착촌 건설을 시작한 날이다. 그 이전에는 원주민인 이로쿼이족 500명 정도가 인근에서 거주하고 있었으며, 이들의 마을은 스타다코네Stadaconé로 불렸다. 샹플랭은 생로랑강이 내려다보이는 곳, 지금 노트르담데빅투아르Notre-Dame-des-Victoires 교회 자리에 '퀘벡 거주지Habitation de Québec'라는 이름의 건물을 지었다. 모피 무역 덕분에 마을이 번성하게 되고 1636년에는 도시 형태를 갖추게 되었다. 1600년대 후반에는 프랑스 식민지 총독이 상주하는, 명실공히 누벨프랑스의 수도가 되었다. 이후 영국 식민지 시대에는 짧게나마 통합식민지의 수도가 된 적도 있었다.

2008년에는 퀘벡시 설립 400주년 기념행사가 열렸다.

549,459명

캐나다 인구조사에 따르면 2021년 현재 퀘벡시 인구는 549,459명이다. 퀘벡시가 세워지기 시작한 1608년 인구가 28명이었으니, 약 400년 동안 19,000배 늘어났다고 할 수 있다. 인구가 10만 명을 넘어선 것은 1910년대 초이고, 2010년 초에는 50만 명을 넘어섰다. 최근 5년간 퀘벡시의 인구증가율은 3.3%다.

인근 생활권까지 포함한 인구는 800,296명이다. 퀘벡주 전체 인구의 9% 정도가 퀘벡시와 인근 지역에 거주하는 셈이다.

95%

　2016년 조사에 의하면 퀘벡시 거주민 가운데 95%는 모국어가 프랑스어다. 모국어가 영어인 시민은 전체 인구의 1.5%에 불과하며, 3.5%는 그 외의 언어를 모국어로 한다. 또한 65.3%의 퀘벡시민은 프랑스어만 사용하며, 34.3%는 프랑스어와 영어를 함께 사용한다. 몬트리올에서 프랑스어만을 사용하는 사람의 비율이 26.8%인 것과 비교해보면, 프랑스어가 퀘벡시에서 어떠한 의미를 갖는지 쉽게 짐작해볼 수 있다. 프랑스어 나아가서 프랑스 문화는 퀘벡시의 전통과 정체성을 구성하는 매우 중요한 요소다.

　퀘벡시 전체 인구 중 이민자 비율도 몬트리올과 큰 차이를 보인다. 2006년 조사에 의하면, 퀘벡시 인구 중 이주민은 5%정도며, 이 중 17%는 프랑스인이다.

퀘벡 구시가지

퀘벡시 구시가지는 누벨프랑스 시대부터 현재까지 400년 동안 퀘벡인의 운명을 같이해왔고 또 앞으로도 같이할 역사적, 정치적 중심지며, 북아메리카에서 가장 프랑스적인 동시에 가장 퀘벡적인 장소다.

프롱트낙성

훼어몬트 르 샤토 프롱트낙 호텔

몇 년 전 드라마 <도깨비>의 배경으로 나와 '도깨비 성'으로 알려진 프롱트낙성은 퀘벡시를 상징하는 대표적인 건축물이다. 19세기 말부터 20세기 초 캐나다 철도회사는 철도 여행을 장려하기 위해 성(城) 형태의 호텔들을 건설했다. 이러한 호텔들은 우아한 형태와 안락한 시설로 국가적 상징물이 되었는데, 그 첫 번째 건축물은 1892년부터 1893년까지 캐나디언 퍼시픽 철도사Canadien Pacifique가 세운 프롱트낙성이다. 철근 구조물에 화강암과 붉은 벽돌을 붙인 5개의 측면과 중앙 탑으로 구성된 프롱트낙성은 뉴욕 윈저역과 몬트리올 비저역을 설계한 뉴욕 출신 건축가 브루스 프라이스Bruce Price가 프랑스 루아르 강변의 중세 성들 특히 앙브와즈 성에서 영감을 받아 설계했다.

현재는 국제적인 호텔 체인 훼이몬트Fairmont가 호텔로 운영하고 있다. 전부 611개 객실이 있는데, 특히 8개의 이규젝티브 스위트는 호텔을 방문했던 국가 원수 테마로 리모델링되었다. 트뤼도-트뤼도 스위트는 1968년-1979년, 1980년-1984년 2차례 캐나다 수상을 지낸 피에르 엘리엇 트뤼도와 2015년부터 현재까지 캐나다 수상인 그의 아들, 쥐스탱 트뤼도의 이름에서 왔다. 그 외에도 처칠 스위트, 루즈벨트 스위트, 드골 스위트, 엘리자베스 2세 스위트 등이 있다. 세계적인 정치 지도자 외에도 이 호텔에서 <나는 고백한다I Confess>의 상당 부분을 촬영했던 영화감독 히치콕 스위트, 캐나디안 퍼시픽 철도사 회장이었던 윌리엄 코늘리우스 반 혼William Cornelius Van Horne 스위트, 퀘벡 출신 가수 셀린 디옹 스위트 등이 있다.

세계에서 가장 많이 사진 촬영된 호텔인 프롱트낙성은 유네스코 세계문화유산이며, 1981년 캐나다 역사 기념 건축물로 지정되기도 했다. 1993년 6월 14일 캐나다 연방 우체국은 프롱트낙성 100주년을 맞이하여 기념우표를 발행했다.

프롱트낙 백작

마차 출입구와 몰타 기사단의 십자가와 빨간 돌

이 성의 명칭은 누벨프랑스 총독이었던 프롱트낙 백작의 이름에서 유래했다. 프롱트낙 백작은 1622년 5월 12일 프랑스에서 태어나 루이 14세의 명을 받아 1672년-1682년, 1689년-1698년 두 번에 걸쳐 누벨프랑스의 총독직을 성공적으로 수행했다. 그는 정치가로서뿐 아니라 군인으로서도 탁월한 지도력을 발휘했다. 그는 영국과 원주민 5부족 연맹의 공격에 맞서 누벨프랑스를 지켜냈고, 퀘벡 요새와 생루이성Forts et châteaux Saint-Louis 재건축을 시작했다. 프롱트낙성 호텔에 가면 아치형 입구 외벽을 포함한 여러 곳에서 프롱트낙 백작 가문의 방패꼴 문장을 볼 수 있다. 또한 호텔 중정으로 이어지는 마차 출입구Porte cochère 상단에는 350여년 전 생루이성에 있었던 몰타 기사단의 십자가와 빨간 돌을 볼 수 있다.

퀘벡시 최고의 위치

퀘벡의 구시가지에 있는 프롱트낙성은 17세기의 생루이 요새와 성터에 위치한다. 다이아몬드곶Cap Diamant에 자리 잡은 프롱트낙성은 생로랑강과 퀘벡시를 굽어볼 수 있는 최적의 장소이다. 한편 1759년 영국의 퀘벡 점령 전투가 벌어진 아브라함 평원은 프롱트낙성에서 뒤쪽으로 이어져 있다.

지금의 모습이 있기까지

영국의 식민지가 된 1870년대에 이르러 영국 총독은 퀘벡시를 17세기 모습으로 복원하는 프로젝트를 시행한다. 이 프로젝트에 참여한 더퍼린Dufferin 경은 퀘벡 구시가지 성곽과 1620년-1834년까지 총독 관저로 사용했던 생루이성을 복원하는 사업을 계획했다. 다이아몬드곶에 세워졌던 생루이성은 바로 현재 프롱트낙성이 위치한 곳이다. 그러나 더퍼린 경의 계획은 아쉽게도 실행되지 못했다. 더퍼린 경에 이어서 시의회와 무역이사회가 그의 아이디어를 차용해서 관광객을 끌어들일 수 있는 거대한 호텔을 건설할 것을 계획했으나 재정문제로 실패하고, 몬트리올 사업가가 캐나디언 퍼시픽 철도사와 함께 이 프로젝트를 이어받아 프롱트낙성을 건설했다.

20세기에 이르러 프롱트낙성은 여러 번에 거쳐 건축학적 변모를 한다. 두 명의 건축가, 윌리엄William과 에드워드 맥스웰Edward Maxwell의 설계에 따라 1899년에 성채 측면이 완성되었고, 1908년에는 몽카르멜 거리rue Mont-Carmel 측면이, 1926년에는 중앙 탑이 완공됐다. 1993년 6월에는 실내수영장, 헬스장 그리고 외부 테라스가 있는 클로드프라트Claude-Pratte 측면을 오픈했다.

프롱트낙성

퀘벡 노트르담 대성당

퀘벡 노트르담 대성당 Basilique-cathédrale Notre-Dame de Québec은 북아메리카에서 가장 오래된 교구의 성당이며 북아메리카 최초의 주교좌성당이기도 하다. 몬트리올의 마리렌뒤몽드 대성당, 셰르브룩의 생미셸Saint-Michel 대성당, 살라베리드발레필드Salaberry-de-Valleyfield의 생트세실Sainte-Cécile 대

퀘벡 노트르담 대성당의 전경

성당과 함께 퀘벡의 4개 바실리카 가운데 하나인 이 대성당은 퀘벡 시청 맞은편 비아드 거리rue de Buade 16번지에, 퀘벡 신학교와 인접해 있다. 노트르담 대성당은 일 년 내내 수많은 방문객의 발길이 끊이지 않는 관광명소이며, 캐나다 국립사적지이자 유네스코 세계문화유산목록에 등재되어 있다.

퀘벡의 초대 주교 프랑수아 드 라발

1633년 사뮈엘 드 샹플랭이 건설한 첫 번째 예배당이 불길에 휩싸인 뒤, 예수회는 1647년에 노트르담드라페Notre-Dame-de-la-Paix라는 이름의 성당을 건축하기 시작해 1650년에 첫 번째 미사를 집전한다. 이후 1664년에 퀘벡 노트르담 성당으로 이름을 바꾸고, 1674년 퀘벡 교구의 창설과 함께 초대 주교 프랑수아 드 라발François de Laval(1623- 1708)이 사목하는 퀘벡의 첫 주교좌성당이 되었다.

라발 주교는 퀘벡 역사에서 매우 중요한 인물이다. 1623년 4월 30일 프랑스 몽티니쉬르아브르Montigny-sur-Avre에서 태어나 1647년 사제 서품을 받은 라발은, 누벨프랑스에 대한 성 쉴피스회의 영향력이 확대되는 것을 경계한 예수회에 의해 퀘벡의 초대 주교 후보로 추대된다. 1659년에 퀘벡에 도착한 라발 주교는 4년 후인 1663년에 교구 성직자를 양성하는 퀘벡 신학교(현 라발 대학교의 전신)를 세웠고, 1668년에는 퀘벡 소년신학교Petit Séminaire de Québec와 직업 학교를 설립했다. 주교로 재임하는 동안 라발은 20여 개의 가톨릭 교회를 세우는 한편, 1684년 건강상의 문제로 주교직을 사임하기 전까지 퀘벡 행정부에 지속적으로 자신의 의견을 피력하며 영향력을 행사했다. 아메리카 인디언들에게 주류판매를 금지해야 한다는 그의 주장은 규탄의 대상이 되기도 했다.

퀘벡 노트르담 대성당의 역사

17세기 루이 14세의 자금 지원으로 확장된 퀘벡 노트르담 대성당은 두 차례 파괴된 적이 있다. 첫 번째는 1759년 영국군이 퀘벡을 포위했을 당시

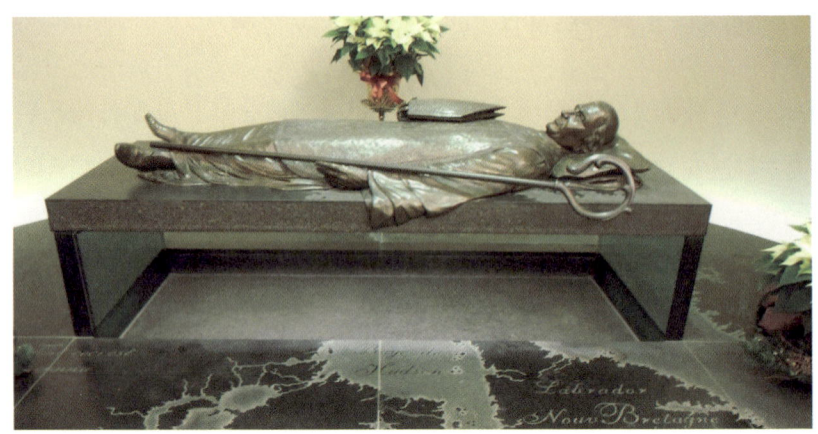

프랑수아 드 라발 주교의 무덤

포격에 의해서였고, 두 번째는 1922년 화재로 인해서였다. 최종 복원작업은 1923년 건축가 라울 셴느베르Raoul Chênevert(1889-1951)와 막심 루아쟁 Maxime Roisin(1871-1960)에 의해 시작되어 1930년에 마무리되었다. 카사방 회사의 파이프오르간, 그리고 파리와 뮌헨에서 옮겨온 스테인드글라스는 이때 설치되었다. 이들은 사진 자료에 근거해, 대성당이 처음 파괴되었을 때 복원작업을 담당했던 건축가 토마 바이에르제Thomas Baillairgé(1791-1859)의 신고전주의 양식을 최대한 원형대로 복원하려고 노력했다. 퀘벡 노트르담 대성당은 1874년에 바실리카로 승격되었고, 1887년에는 프랑수아자비에 베를랭게François-Xavier Berlinguet(1830-1916)가 설계한 사크레쾨르 예배당이 추가로 지어졌다.

대성당의 그림과 성물들은 퀘벡이 프랑스의 식민지였을 때부터 장식되었던 것이며, 성단소(聖壇所)의 램프는 태양왕 루이 14세가 하사한 것이다. 1959년에 완공된 대성당의 지하 납골당에는 루이 뒤 뷔아드Louis du Buade(1622-1698, 총독 재임 기간은 1672-1682, 1689-1698), 루이엑토르

Louis-Hector(1648-1703, 총독 재임 기간은 1699-1703), 자크피에르 드 타파넬 드 라 종키에르Jacques-Pierre de Taffanel de La Jonquière(1685-1752, 총독 재임 기간은 1749-1752), 필립 드 리고Philippe de Rigaud(1643-1725, 총독 재임 기간은 1703-1714, 1716-1725)와 같이 누벨프랑스 총독을 비롯해 퀘벡 주교들의 유해가 안치되어 있다. 퀘벡의 초대 주교이자 가톨릭 성인으로 추대된 프랑수아 드 라발의 유해는 지하가 아니라 대성당 내부 별도의 예배당에 안치되어 있어 방문객들이 직접 참배할 수 있다.

미대륙에서 유일하게 성문을 보유한 대성당

(좌) 성문의 외부 / (우) 성문의 내부

대성당은 퀘벡 노트르담 교구 200주년을 기념해 1874년 8월 28일 교황 비오 9세에 의해 바실리카로 승격되었고, 350주년을 기념해 전 세계에서 일곱 번째이자 유럽 외 지역 최초로 교황 베네딕토 16세에 의해 성문(聖門)Porte Sainte을 공인받았다. 성문의 제작은 몬트리올의 조각가 쥘 라잘Jules Lasalle이 맡았으며, 2013년 12월 8일 제라르 시프리앵 라크루아Gérald Cyprien Lacroix 추기경이 축성했다. 순례자들이 예수 그리스도를 상징하는 성문을 지나며 죄를 고백하면 모든 죄가 사해진다고 한다. 성문은 평소에는 닫혀 있다가 희년(禧年)에만 열리며, 퀘벡 노트르담 대성당의 성문은 350주년인 2014년과 프란치스코 교황이 선포한 자비의 희년인 2016년에 개방되어 수십만 명의 참배객이 다녀갔다. 다음 희년인 2040년까지 성문은 모르타르와 시멘트로 밀봉된다.

프티샹플랭 거리

프티샹플랭 거리rue du Petit-Champlain는 건축 다이제스트 잡지Architectural Digest가 세계에서 가장 아름다운 스물다섯 개의 길 가운데 하나로 선정할 정도로 아기자기하고 놀라운 볼거리와 먹거리가 가득한, 북아메리카에서 가장 오래된 쇼핑가 중 하나이다. 이 길에는 지역 장인들이 운영하는 상점, 수공예 제품 가게, 다양한 레스토랑과 개성 있는 카페들이 줄지어 있다. 또한 크리스마스 시즌이 되면 눈 쌓인 건물과 거리에 아름답고 화려한 크리스마스 장식이 설치되어 마치 동화 속에 들어와 있는 착각을 불러일으킬 정도이다.

프티샹플랭 거리 모습

카스쿠 계단

퀘벡시 구시가지는 100m 정도의 고도 차이가 있는 두 개의 구역에 걸쳐져 있다. 항구가 있는 생로랑강 수변 구역과 언덕 위의 구역이다. 수변 구역을 프랑스어로 '아랫도시'라는 의미로 '바스빌Basse-Ville(영어로는 lawyer town)'이라고 부르며, 언덕 위 구역은 '윗도시'라는 의미로 '오트빌Haute-Ville(영어로는 upper town)'이라고 부른다. 카

카스쿠 계단, 멀리 프롱트낙성이 보인다.

스쿠Casse-Cou는 이 두 구역을 잇는 계단이다. 1680년에 만들어진 이 계단은 퀘벡에서 가장 오래된 계단이다. 프랑스어로 '목을 부러트리다'라는 의미의 '카스쿠'는 계단의 경사가 너무 심해서 자칫 넘어지면 목뼈가 부러질 수도 있다는 데서 유래했다고 한다. 카스쿠 계단은 프티샹플랭 거리를 한눈에 내려다볼 수 있는 전망을 제공한다.

후니쿨라

후니쿨라 승차장

다이아몬드곶에서 프티샹플랭 거리로 가려면 카스쿠 계단을 걸어 올라가는 방법 외에 후니쿨라를 타는 방법도 있다. 100년 이상 된 이 후니쿨라는 미시시피강을 발견한 루이 조이에Louis-Jolliet의 옛날 집에서 탈 수 있다.

소외지역에서 본래 장인들의 거리로

누벨프랑스 시대에 프티샹플랭 거리는 수공예 장인들의 거주 지역이었다. 19세기 초 유럽에서 많은 이민자들이 쏟아지듯 몰려오자 장인들은 이곳을 떠나 오트빌로 옮겨갔고, 이곳은 가난한 아일랜드 출신 이주민 지역으로 바뀌었다. 1841년에서 1889년 사이에 5회에 걸쳐 붕괴사고가 일어나 다이아몬드곶에서 떨어진 바위들이 프티샹플랭 거리 집들을 덮쳐 81명이 사망했다. 이러한 일련의 사건들로 인하여 예술가들과 장인들이 사랑하던 샹플랭 거리는 쇠락의 길로 접어들었다. 예를 들어 1920년대 대부분 퀘벡의 길에 포석이 깔렸지만 프티샹플랭 거리에는 여전히 나무판자가 깔린 상태였다. 이는 프티샹플랭 거리가 퀘벡에서 얼마나 소외된 지역이었는지를 보여준다.

1970년대 중반에 파리Gerry Paris와 드 블루아Jacques de Blois 두 사람은 퀘벡 구시가지를 유럽 스타일 도시로 부활시키는 것을 꿈꾸었다. 두 사람은 프티샹플랭 거리를 누벨프랑스 시대처럼 수공예 장인들이 사는 지역으로 되돌리는 프로젝트를 기획했다. 파리와 드 블루아는 프티샹플랭의 폐가들을 사들이고 그곳에서 거주하면서 작업하기를 원하는 예술가들과 장인들을 모집했다. 그런데 그들의 재정비 사업은 그때까지 캐나다와 퀘벡에서 행해졌던 재정비 사업과 방향이 완전히 달랐다. 두 사람은 프티샹플랭 거리 원래 건물들에 행해졌던 여러 건축적 변화를 그대로 보존하는 동시에 자재들도 최대한 재활용하면서 조심스럽고 신중하게 재정비 작업을 계속했다. 그 결과 프티샹플랭 거리는 200년-300년 된 건물들의 역사를 그대로 보존할 수 있었고, 지금의 관광명소가 되었다.

테아트르 프티 샹플랭

퀘벡시를 찾는 많은 한국 관광객들이 사진을 찍는 대표적인 장소 중 한 곳은 프티샹플랭 거리에 있는 너무나도 소박한 빨간색 문 앞이다. 그 이유는 퀘벡시를 배경으로 한 드라마 <도깨비>에서 등장인물들의 장소로 나왔기 때문이다.

테아트르 프티 샹플랭의 빨간 문

이 유명한 빨간 문은 테아트르 프티 샹플랭Théâtre Petit Champlain 입구의 입구의 왼쪽에 있는데, 손잡이가 없어서 사용되는 문은 아니다. 이 빨간 문을 가진 건물의 이름은 테아트르 프티 샹플랭으로 프티샹플랭 구역의 보석과 같은 곳이고, 오늘날 '샹송의 집Maison de la Chanson'이라고도 불린다.

19세기 말, 테아트르 프티 샹플랭이 처음 문을 열었을 때 이곳은 연극을 위한 공간이었다. 하지만 1988년 극장의 대표였던 율리크 브르통Ulric Breton이 이 역사적인 장소를 비영리 목적의 동업조합으로 만들기 위해 다양한 협력처를 모으기 시작한다. 그의 노력은 마침내 결실을 보게 되는데, 1994년에 샹송 공연을 중심으로 하는 공연장으로의 변신이 이루어졌기

현재의 테아트르 프티 샹플랭

때문이다. 율리크 브르통의 공로는 그의 이름을 딴 홀Salle Ulric-Breton로 기억되고 있다. 샹송의 집으로 다시 태어났지만, 테아트르 프티 샹플랭은 거리에 걸맞은 극장 고유의 분위기를 여전히 유지하고 있다.

질 비뇨, 스테픈 포크너, 도로테 베리만, 파트릭 피오리 등 퀘벡은 물론 국제 무대에서 활동하는 가수들이 노래해 온 이곳은 또한 신예 가수들에게 무대를 제공하는 역할도 하고 있다.

한편 테아트르 프티 샹플랭은 환경적, 사회적, 경제적인 지속적인 발전을 위해 노력하는 친환경 공연장로서도 인정받고 있다.

루아얄 광장

루아얄 광장Place Royale은 은 퀘벡 구시가지의 바스빌, 생로랑강에서 멀지 않은 곳에 위치하며, 사뮈엘 드 샹플랭이 퀘벡을 건설하기 시작한 역사적 장소다. 1608년 샹플랭이 아메리카 대륙 최초의 프랑스식 건물, '퀘벡 거주지'를 세운 곳이 바로 여기다. 이 건물은 요새이면서 상점이면서 동시에 무역 거래소 그리고 거주지의 역할을 했다. 이런 이유로 루아얄 광장은 아메리카에 프랑스를 잉태한 요람으로 평가된다. 누벨프랑스와 영국 식민지 시대 양식의 건물들과 북아메리카에서 가장 오래된 교회가 있는 루아얄 광장은 퀘벡의 옛 모습을 그대로 보존하고 있다.

루아얄 광장, 뒤쪽으로 노트르담데빅투아르 교회의 모습이 보인다.

도시의 미래는 과거 속에

누벨프랑스 시대에 시장이었던 루아얄 광장은 1686년 이전까지는 '시장(市場) 광장'이라고 불렸다. 1682년 큰 화재가 일어나 당시 주변의 목조 건물들이

슈발리에 관저

소실되자 건물 소유주들은 당국의 명령에 따라 석조건물로 재건축했고, 방화도로 기능을 하는 높은 돌담을 세웠다. 1685년 루이 14세는 왕국의 각 지방에 왕에게 경의를 표하는 루아얄 광장을 조성하라는 명령을 지사들에게 내렸다. 이에 따라 1686년 퀘벡의 지사였던 샹피니Champigny는 루이 14세 흉상을 프랑스에서 가져와 설치하고 이곳을 '왕의 광장'이라는

포르넬의 집

의미에서 '루아얄 광장'이라고 명명했다. 그러나 루이 14세 흉상은 시장의 통행을 방해한다는 이유로 1700년 지사 공관으로 이전되었다. 1759년 아브라함 전투 동안 루아얄 광장의 건물들 대부분이 파괴되었다가 영국 식민지 시대에 재건축됐다. 이후 시장이 다른 곳으로 이전되고 생로랑강 포구의 경제활동이 쇠퇴하면서 루아얄 광장은 경제적

사회적 기능을 점차 잃어버리고 쇠락했다.

20세기 중반부터 퀘벡 정부가 역사적 가치가 있는 건축물들을 보존하고 복원하는 사업을 시행함에 따라 루아얄 광장도 옛 모습을 되찾기 시작했다. 퀘벡 정부는 18세기 정신을 충실하게 복원하려고 노력했다. 1931년 프랑스 정부가 1686년 기증한 루이 14세 흉상이 다시 루아얄 광장에 설치됐다. 1752년에 건축되었던 슈발리에 관저Hôtel Chevalier, 1735년에 지어진 포르넬 집Maison Fornel, 1763년에 재건축된 노트르담 데 빅투와르 교회등이 예전 그대로 모습으로 복원되었다.

노트르담데빅투아르 교회는 레오나르도 디카프리오와 톰 행크스가 주연한, 스티븐 스필버그 감독의 영화 <캐치 미 이프 유 캔>(2002)에 배경으로 나와 유명해진 건물이다. 영화에서는 디카프리오가 마지막에 체포되는 프랑스의 마을로 나오지만, 실제 촬영은 루아얄 광장의 이 교회에서 이루어졌다. 할리우드에서는 프랑스를 배경으로 한 영화를 촬영할 때, 프랑스적 분위기를 그대로 간직한 퀘벡시에서 촬영하는 경우가 간혹

노트르담 데 빅투와르 교회

있다. 퀘벡시가 화면에서는 프랑스인 것처럼 보이면서도 시차, 비용, 음식 등의 측면에서 프랑스 현지 촬영보다 훨씬 유리하기 때문일 것이다.

일반적으로 루아얄 광장을 비롯한 퀘벡 구시가지의 도시 정비는 큰 그

림에서 과거의 복원을 지향한다. 과거의 모습은 잊히고 새로워져야 하는 대상이 아니라 끊임없이 복원됨으로써 미래로 향하는 현재의 모습인 것이다.

광장의 새로운 해석

1997년 아직 복원되지 않았던 노트르담 거리rue Notre-Dame와 접한 루아얄 광장 부분을 보존하기 위한 '루아얄 광장 해석 센터Centre d'interprétation de Place-Royale'가 출범했다. 그 결과로 상인 프랑수와 아죄르의 집Maison du marchand François Hazeur과 이웃집 스미스 집터를 보존하는 프로젝트가 1999년 시행됐다. 이에 따라 이 자리 위쪽에 위치한 코트들라몽타뉴 거리rue Côte-de-la-Montagne와 루아얄 광장을 잇는 계단이 놓인, 유리와 철과 시멘트로 만들어진 현대적인 건물이 들어섰다. 이 건축물은 퀘벡의 건축 문화재에 대한 신선한 해석을 이뤘다는 평가를 받는다.

프랑수와 아죄르의 집과 스미스 집터에 세워진 현대적 건물

퀘벡시의 벽화, 도시로 들어온 역사책

벽화의 현대적 의미는 도시의 정치적, 사회적, 기술적, 예술적 요구에 응답하는 것이고, 이는 1920년대 멕시코 혁명 후에 시작되었다고 알려져 있다. 캐나다, 특히 퀘벡주에서 벽화

일로 플뢰리 공원 자리에 새로 건설된 고속도로 교각의 벽화

의 이러한 기능과 의미는 21세기 들어오면서 꽃을 피운다. 퀘벡시도 몬트리올시와 마찬가지로 벽화가 활성화 되어 도시의 정체성을 이루는 특징 중 하나가 되었고, 이러한 현상은 지금도 계속 진행 중이다. 퀘벡시의 벽화도 도시 정비와 재생, 예술의 일상화, 사회적 메시지 전달 등의 목적에 부합한다. 현재도 새로운 작품들이 도시 곳곳에서 건물의 벽이나 담벼락을 장식하고 있고, 일로 플뢰리 공원처럼 고속도로가 새로 지나가면서 사라진 공간에서는 도로를 받치는 시멘트 교각을 캔버스 삼아 벽화들이 그려졌다. 하지만 퀘벡시의 벽화에는 퀘벡시에서만 찾아볼 수 있는 독특한 벽화들이 있다. 바로 퀘벡의 역사를 기록한 벽화들이다.

역사 속 인물들이 도시에 살고 있다

구시가지의 루아얄 광장에 가면 노트르담 거리로 이어지는 한 건물의 측면에 그려진 거대한 벽화를 만날 수 있다. 그림이 그려진 건물은 물론이고 주위의 환경과 완벽한 조화를 이루어 2차원의 그림이 아니라 3차원 실제처럼 착시현상을 일으키는 이 벽화에는 퀘벡의 역사적 인물들의 모습이 담겨있다. 벽화의 제목 <퀘벡인들의 프레스코Fresque des Québécois>라는 제목이 의미하듯, 이 벽화에는 퀘벡의 역사적 인물들의 모습이 담겨 있다. 최초로 퀘벡을 탐험하고 프랑스 식민지 토대를 세운 자크 카르티에와 사뮈엘 드 샹플랭, 퀘벡 출신으로 미시시피 강을 탐험한 루이 졸리에, 지사 또는 총독으로 누벨프랑스 발전에 기여하고 지켜낸 장 탈롱과 프롱트낙 백작, 영어권 지배에 항거했던 루이조셉 파피노, 퀘벡 최초의 대주교 라발 신부, 20세기 초 여성의 인권 신장을 위해 평생을 바쳤던 타이스 라코스트프레몽, 20세기 퀘벡의 대표적 싱어송라이터 펠릭스 르클레르 등이 그들이다. 벽화 속 열 다섯 명의 인물들은 마치 실제 건물의 창문처럼 보이는 그림의 창가에서 밖을 내다보든지, 그림 속 거리, 계단, 집안에서 일상의 모습을 보여주고 있다.

400년 동안의 역사적 인물을 그린 이 벽화의 면적은 420m²에 달하며, 벽화 전문 예술가 그룹인 시테크레아시용CitéCréation과 엘렌 플뢰리Hélène Fleury, 마리샹탈 라샹스Marie-Chantal Lachance, 피에르 라포레스트Pierre Laforest 등의 퀘벡 출신 예술가들이 1999년 만든 작품이다.

<퀘벡인들의 프레스코>에서 카스쿠 계단을 올라가, 북아메리카에서 가장 오래된 거리 가운데 하나인 프티샹플랭 거리 102번지에 이르면 또

다른 거대한 벽화를 만날 수 있다. 생로랑강에 인접한 퀘벡시 항구 지역인 블랑콧Cap-Blanc의 모습을 소재로 한 벽화로, 누벨프랑스 시대부터 20세기까지 주민들의 일상 생활을 단계별로 재현하고 있다. 이 벽화도 사람과 물건의 모습이 실제 크기로 그려져, 얼핏 보면, 그림이 아니라 실제 집 안에 사는 사람들인 것처럼 착시현상을 일으킨다.

퀘벡인들의 프레스코

<퀘벡인들의 프레스코>가 퀘벡 역사를 빛낸 역사적 인물들을 기리고 있다면, <프티샹플랭 프레스코>는 그러한 역사를 살아온 퀘벡인들의 일상에 초점이 맞추어져 있다. 어업과 관련된 장면들, 퀘벡 처녀와 사랑에 빠졌던 넬슨 경, 북극을 탐험했던 퀘벡 출신 베르니에 선장, 7년 전쟁의 와중에서 1759년 포격 당한 마을, 1889년의 마을이 붕괴했을 때의 모습 등이 벽화의 내용을 구성한다.

퀘벡주 의사당 근처에는 퀘벡의 400년 정치에 할애된 벽화가 있다. <퀘벡수도지역 BMO 프레스코>라고 불리는 벽화다. 퀘벡주 의사당을 배경으로 오귀스탱 드 사프레, 루이 다이유부 같은 17세기 누벨프랑스의 총독들부터 20세기 후반 퀘벡의 분리독립을 주장한 르네 레베크와 격동의 시

기에 두 차례에 걸쳐 주정부 수상을 지낸 로베르 부라사 같은 현대의 정치인들까지 역사를 헤쳐온 인물들이 발코니에 서있거나 창문을 통해 밖을 바라보고 있다.

퀘벡시 구시가지의 이 벽화들은 하나 같이 400년의 역사를 하나의 장면에 담고 있다. 실제 크기의 이 인물들은 과거의 인물들이지만 도시의 건물 안에서 여전히 살아있다. 시민들은 365일 내내 밤낮 없이 그 모습을 보면서, 400년의 역사가 흘러간 것이 아니라 현재로 이어지고 있음을 느낄 수 있는 것이다. 퀘벡인들에게 있어 이 벽화들은 살아 있는 역사 교과서이고, 관광객들에게는 퀘벡의 역사를 응축해 보여주는 의미 있는 안내서인 셈이다.

세 곳의 벽화 외에도 퀘벡시 곳곳에는 실물 크기로 제작되어 착시현상을 일으키는 벽화들이 20여 곳 있다. 가브리엘 루아 도서관과 시청 건물이 대표적인 장소들이다.

프티샹플랭 프레스코

퀘벡시와 인근의 지역과 장소들

퀘벡시와 인근 지역에는 유럽인이 도착하기 전부터 그 지역에 거주하던 원주민 마을부터 20세기 문화예술의 중심부였던 장소들 그리고 도시의 쇠퇴와 재생을 증언하는 장소들이 여럿 있다. 퀘벡시 북쪽에 위치한, 휴런웬다트족이 살고 있는 보류지 웬다케에서는 원주민의 역사와 문화를 체험할 수 있으며, 생로크 구역, 팔레 몽칼름, 퀘벡 그랑 테아트르는 퀘벡시 공연 예술의 중심지로 다양한 예술적 경험을 보장한다.

생로크 구역

생로크 구역의 거리

생로크Saint-Roch 구역은 퀘벡시에서 가장 '힙'한 구역들 가운데 하나다. 트렌디한 상점, 인기 레스토랑, 소규모 양조장에서 생산된 신선하고 새로운 맥주들을 맛볼 수 있는 펍, 그리고 최근 인기 있는 공연들을 즐길 수 있는 곳까지, 마치 한국의 대학로 같은 장소이기 때문이다.

공터에서 공원으로, 일로 플뢰리

언덕 아래, 즉 바스빌에 위치한 생로크 구역은 퀘벡시의 가장 오래된 교외 지역 중 하나로 주로 노동자들이 거주하던 가난한 지역이었다. 이 빈민가 지역의 주민인 예술가 루이 포르티에Louis Fortier는 진입로 때문에 방치된 자신의 집 앞 공터에 1991년 꽃을 심기 시작하고, 친구의 조각품을 설치한다. 시의 무관심을 우회적으로나마 고발하려는 이들의 행동은 뜻하지 않게 도시 재생의 계기가 된다. 한 라디오방송 진행자가 이들의 작업을 방송에서 소개하면서, 지역의 주민들이 이들의 작업에 참여하기 시작했고, 기업들의 후원도 이루어졌기 때문이다. 몇 주가 지나자, 공터는 공원의 모습을 갖추게 되었다. 바로 '꽃들이 만발한 작은 섬'이라는 뜻의 이름을 가진 '일로 플뢰리Îlot Fleurie' 공원의 시작이다.

주민들의 자발적 행동에 행정 당국도 호응, 1993년 퀘벡시는 일로 플뢰리 옆에 생로크 공원Jardin de Saint Roch를 조성한다. 꽃들은 계속 심어졌고, 시민들의 여가를 위한 페탕크 경기장과 광장이 생겼다. 그리고 이렇게 조성된 공간에서 주민들을 위한 다양한 문화예술 행사가 열렸고, 스스로 채소를 기를 수 있는 공동 텃밭도 만들어졌다. 방치되었던 공터가 주민의 참여에 의해 주민을 위한 공원으로 완벽하게 변신한 것이다. 이후 낙후 건물들의 개축, 상업구역의 활성화, 교육 시설 확충 등이 이루어짐으로써, 주민들의 삶이 변화하고 이는 인구 증가로 이어지게 되었다. 하지만 퀘벡시가 시민들과의 약속과 다르게 고속도로 건설을 진행하면서 일로 플뢰리 공원은 새로 건설된 고속도로 아래로 이전되었고, 지금은 그 흔적만 남아있다.

'힙'한 생조제프 에스트 거리

생조제프 에스트 거리rue Saint-Joseph Est는 19세기부터 1960년대까지 퀘벡시의 중요한 상업적 거리 중 하나였다. 백화점, 영화관, 극장, 카바레 등이 건축되고 전차가 다니면서 퀘벡시의 '브로드웨이'라 불렸던 곳이기도 하다. 하지만 그 이후 외곽 순환도로가 개통되고, 지역의 공장들이 폐업하면서 이 거리 역시 본래의 모습을 잃은, 낙후된 거리가 되었다.

2000년대 이후 건물들이 신축되고, 명품 가게들을 비롯해 트렌디한 상점, 인기 레스토랑, 펍이 새로 자리를 잡으면서 퀘벡시 최고의 상업 거리라는 명성을 되찾았다. 게다가 인기 있는 공연을 만날 수 있는 문화 공간까지 풍부해져, 문화적인 생동감 또한 가득한 곳이 되었다. 한편 생로크 공원은 장폴랄리에 공원으로 이름이 바뀌었는데, 1989년부터 2005년까지 퀘벡시장을 지냈던 장폴 랄리에Jean-Paul L'Allier의 이름을 딴 것이다.

엥페리알 극장

동시대 공연들이 끊이지 않는 생로크 구역은 오랫동안 퀘벡 공연 예술의 중심지로 자리매김해왔다. 19세기 말부터 생로크의 여러 극장에서는 지역의 다수 주민인 노동자를 위한 다양한 공연을 제공했다. 몬트리올이나 프랑스에서 온 극단들의 연극을 비롯해서 보드빌, 버라이어티쇼, 마술쇼, 서커스, 촌극 등이 다채롭게 무대에 올랐다. 당시의 극장들 가운데 팔레 루아얄Palais Royal과 테아트르 크리스탈Théâtre Crystal은 '엥페리알 벨Impérial Belle'과 '테아트르 드 라 보르데Théâtre de la Bordée'로 각각 그 이름이 바뀌어 생조제프 거리에 남아있다.

엥페리알 극장의 전신은 1911년 문을 연, '왕궁'이라는 뜻의 '팔레 루아얄'이다. 극장 개관 후 10년쯤 지난 1920년대에 본격적인 영화의 시대가 열리면서, 영화가 그 전까지의 다양한 공연들을 대체한다. 엥페리알 벨 극장도 이러한 흐름에 동참하는데, 엥페리알 벨 극장은 1929년 9월 퀘벡시에서 처음으로 유성 영화가 상영된 곳이기도 하다. 미국에서 처음으로 유성 영화가 상영된 된 지 14개월 후의 일이다.

생로크 구역의 인구 감소와 슬럼화 때문에 엥페리알 벨 극장 역시 운영의 어려움을 겪었고, 살아남기 위해 때마다 변신을 시도해야 했다. 1970-1980년대에는 포르노 영화를 상영하기도 했지만, 결국 폐허가 되는 것을 피할 수는 없었다. 엥페리알 벨 극장은 1990년대 생로크 구역이 재생되는 동안 다시 복구되었고, 현재는 퀘벡 여름 축제의 장소, 국내외 뮤지션들의 공연장, 크리스마스 파티 홀, 결혼식장 등, 다양한 용도로 사용되고 있다.

엥페리알 극장. 원래 건물이 화재로 소실되어 1933년 재건축된 건물이다.

퀘벡시 음악의 전당, 팔레 몽칼름

팔레 몽칼름

오늘날 '음악의 전당Maison de la musique'이라 불리는 팔레 몽칼름Palais Montcalm은 퀘벡시의 문화 영역에 대한 애정과 노력의 또 다른 결실이라 할 수 있는 곳이다. 음악의 대중화는 물론이고, 제작, 교육, 창작 등을 통해 음악의 활성화를 위해 노력하는 곳으로 음악의 지역적, 국가적, 세계적 번영을 위해 존재하고 있기 때문이다.

1930년 초 경제 위기가 닥쳤을 때, 실업과 경제적 어려움으로 힘든 시기를 이겨내야 하는 시민들을 위해 캐나다 연방의회, 퀘벡주 정부, 퀘벡시의회는 1877년에 세워진 몽칼름 시장(市場)의 중앙부를 사서 그곳에 현대적인 문화와 스포츠를 위한 시설을 지었다. 전통적인 건물의 배치 방식을 과감히 버리고 당대 최신식의 구조로 건축된 팔레 몽칼름은 1,400명을 수용할 수 있는 홀과 (지금은 없어진) 수영장과 도서관을 갖추고 있었다. 시민들이 사회적, 예술적, 문화적인 삶뿐 아니라 활동적인 건강한 삶까지도 누릴 수 있게 하려는 목표에서였다. 팔레 몽칼름은 1932년 10월 21일 퀘벡시향의 콘서트로 화려하게 개관했다. 퀘벡시향은 1971년 그랑 테아트르로 이전하기 전까지 이곳에 상주했었고, 1944년부터 30년 동안은 소시에테 라디오카나다(1936년에 설립된 캐나다에서 가장 오래된 국영 방송사)가 입주해 있기도 했다.

퀘벡시와 퀘벡주 정부는 2002년 팔레 몽칼름을 '음악의 전당'으로 만드는 계획을 발표하고, 2004년부터 3년간 공사를 시행한다. 건물의 외관은 그대로 두고, 콘서트를 위한 특화된 공간으로 만들기 위해 공연장의 천장 등 내부는 완전히 새롭게 바꾸는 대대적인 공사였다.

2007년 새롭게 개관한 팔레 몽칼름은 그해 퀘벡시의 건축위원회로부터 특별상을 수상했다. 특히 퀘벡의 위대한 테너 라울 조뱅Raoul Jobin(1906-1974)의 이름을 딴 라울조뱅 홀은 소리 울림이 아주 특별한 건축적 설계와 세계 최고의 음향시설을 갖춘 공연장으로 퀘벡시의 자랑이기도 하다.

현재 팔레 몽칼름의 용도는 클래식 음악 공연에만 국한되지 않는다. 모든 장르의 음악 공연은 물론이고, 연극, 코미디 쇼, 강연, 교육, 아틀리에 등 다양한 공연과 행사가 여기서 이루어지고 있다.

퀘벡 그랑 테아트르

1971년 개관한 퀘벡 그랑 테아트르Grand Théâtre de Quebec는 1960년대 초, 조용한 혁명기의 열정에 차 있던 퀘벡의 일면을 잘 보여주는 건축물이다.

1963년 연방예술센터Confederation Center of the Arts 기공식에 참석했던 퀘벡의 수상 장 르사주는 캐나다 수상이었던 피어슨Lester B. Pearson에게 1967년 캐나다 연방 100주년을 기념하는 기념물을 퀘벡시에 만드는데 함께 할 것을 제안했다. 이어서 캐나다 문화부가 오페라 공연장, 콘서트장, 연극 공연장, 퀘벡시 음악원으로 구성된 공연예술관을 퀘벡시에 만들기로 결정했는데, 이곳이 바로 그랑 테아트르 드 퀘벡이다. 1963년 당시 몬트리올에 개관 예정인 최초의 문화·예술 복합공간, 플라스 데자르가 그랑 테아트르의 모델이 되었다.

1967년 공사를 시작하여 1971년 1월 16일, 퀘벡 심포니 오케스트라의 기념공연과 함께 개관한 그랑 테아트르는 시각예술과 문학이 건축물의 일부를 이루는 공간이기도 하다. 바로셀로나 태생의 캐나다 작가로 주로 퀘벡에서 활동하던 조르디 보네Jordi Bonet(1932-1979)가 초안도 없이, 그의 영감으로만 3개월에 걸쳐 완성한 벽화가 이 건물의 세 벽을 장식하고, 이 거대한 벽화에 젊은 시인 클로드 펠로캥Claude Péloquin(1942-2018)의 시들이 어우러져 있었기 때문이다. 당시 이 벽화는 엄청난 논란을 일으켰다. 그것은 바로 이 추상적인 벽화 일부에 포함된 클로드 펠로캥의 다음과 같은

퀘벡 그랑 테아트르

문장 때문이었다. "멍청이들아, 죽는다는 게 역겹지도 않니? 이젠 지긋지긋해! Vous êtes pas écoeurés de mourir, bande de caves? C'est assez !" 개관 전 이 문장을 벽화에서 빼라는 청원이 8,000개 이상 문화부에 올라갔었는데, 이러한 대중의 요구는 예술 표현의 자유에 대한 생생한 논쟁으로 이어지기까지 했다. 결국 승자는 조르디 보네와 클로드 펠로캥이었다.

그랑 테아트르는 모바일 어플리케이션 'JORDI'를 통해 여전히 이해하기 어려운 이 작품의 이해를 돕고 있다. 이 어플을 통해 한국에서도 1969년 조르디가 완성한 이 작품을 만나볼 수 있다.

오늘날 그랑 테아트르는 4면의 외관이 유리로 되어 '유리로 된 보석 상자 écrin de verre'의 모습을 하고 있는데, 이는 개관 당시와 달리 보수된 것이다. 1971년 개관 시, 그랑 테아트르 외관은 네면 모두 살짝 기울어진 시멘트로 되어 광고판이 게재될 수 있게 되어있었다. 하지만, 2000년대 시멘트로 된 건물 내·외벽의 시멘트들이 계속 떨어져 나오자 보수가 이루어졌다. 원래 건물을 보이게 하면서 유리로 건물 전체를 감싸며 재탄생한 그랑 테아트르는 현대적인 우아함을 구현했다는 평가를 받으며 미학적, 예술적 차원에서 성공한 건물이 되었다. 이 복원 프로젝트는 국제 디자인 어워드를 비롯해 복원과 디자인 분야의 여러 상을 받았다.

1971년 개관한 이래 그랑 테아트르는 순항 중이다. 연극 공연장, 음악 공연을 위한 대공연장이 문을 열었고, 퀘벡시향도 상주하고 있다. 퀘벡 오페라단Opéra de Québec과 퀘벡 음악원 이곳에 합류해 있다.

매년 평균 300여 개의 공연이 이곳에 올려지는데, 그 장르는 클래식 음악에서부터 록, 재즈, 대중가요, 연극, 코미디, 마술에 이르기까지 다양하다. 2020년부터는 스튜디오텔뤼스STUDIOTELUS를 통해 디지털 예술의 창작과 보급에도 힘을 쏟고 있다.

성 안나드보프레 성당

성 안나드보프레 성당 전경

몽루아얄 성요셉 성당과 마찬가지로 퀘벡의 4대 국가 성지 가운데 하나인 성 안나드보프레 성당 Basilique Sainte-Anne-de-Beaupré은 퀘벡시에서 20분 정도 떨어진, 성당의 이름과 같은 이름의 작은 도시 생탄드보프레 Sainte-Anne-de-Beaupré의 루아얄대로 10018번지에 있다.

성당의 역사

매년 약 백만 명의 순례자가 방문하는 북미의 가장 오래된 순례지 성 안나드보프레 성당은 성모 마리아의 어머니 성 안나에게 봉헌된 성당이다. 성 안나는 성경에서는 언급되지 않지만, 기원후 2세기 즈음에 쓰인 외경(外經) <야곱의 원복음서>에 기록되어 있다. 중세 십자군 전쟁 당시 성 안나를 숭배하는 전통이 유럽으로 전파되었고, 이는 다시 대서양을 건너 누벨프랑스로 이어지게 된다.

성 안나드보프레 성당의 기원은 1658년으로 거슬러 올라간다. 망망대해에서 조난된 사람들이 성 안나에게 간절히 기도한 덕분에 목숨을 구하게 되고, 이에 감사를 표하기 위해 그들은 생로랑강 기슭에 목조 예배당을 세워 성 안나에게 봉헌했다. 하지만 3년 뒤인 1661년, 강이 범람해 성당이 물살에 휩쓸리자, 강에서 조금 더 떨어진 곳에 새로운 성당이 세워졌다. 약 200년 동안 지역을 대표하는 종교 시설이었던 이 성당은 1872년에 철거되었다.

1876년에 완공된 성당은 교황 레오 13세에 의해 1886년 바실리카(준대성전)로 승격되었는데, 이는 퀘벡 노트르담 성당(1874년)에 이어 북아메리카에서 두 번째 지정이었다. 하지만 1922년 3월 22일에 화재가 일어났고, 성당은 전소되었다.

현재 우리가 볼 수 있는, 로마네스크 양식과 고딕 양식이 혼합된 성당은 파리의 건축가 막심 루아쟁Maxime Roisin(1871-1960)과 몬트리올의 조제프 엘지드세제르 다우Joseph-Elgide-Césaire Daoust(1881-1946), 셰르브룩의 루이 나폴레옹 오데Louis-Napoléon Audet(1881-1971)의 설계로 1934년에 축성된 것이다. 90m의 높이를 자랑하는 두 첨탑은 그보다 훨씬 뒤인 1962년이 되어서야 완공되었다.

성 안나의 기적

성당을 상징하는 두 개의 동상은 어린 마리아를 안고 있는 성 안나의 모습을 담고 있다. 정면 꼭대기에 놓인 성 안나의 황금빛 목조 조각상은 1922년의 화재 당시 기적적으로 불타지 않고 남은 것이다. 높이 4.11m의 이 조각상은 퀘벡에서 가장 큰 목조 조각상 중 하나다. 성당 내부에 있는 또 다른 성 안나 동상은 1927년 브뤼셀의 조각가 쥘 드 비셰Jules de Vischer의 작품으로, '기적의 동상'이라는 별명을 갖고 있다. 수많은 환자가 이 동상이 놓인 제단 앞에서 기도하면서 치유되는 기적을 경험했다고 전해진다.

최초의 기적은 첫 번째 예배당 건설 작업 당시에 일어났다. 예배당의 토

성당 외부의 성 안나 동상

성당 내부의 성 안나 동상

대를 만드는 작업을 하던 인부 루이 기몽은 지병인 류머티즘 때문에 힘든 일을 할 수 없어 작은 돌멩이 세 개를 놓았을 뿐인데, 그의 병이 깨끗이 나은 것이다. 이 사실이 사람들의 입소문을 타게 되어 예배당에는 몸이 불편한 신자들의 발길이 이어졌다. 이후 토마 모렐Thomas Morel(1636-1687) 신부와 강생의 복녀 마리아Marie de l'Incarnation(1599-1672)가 그들이 경험한 기적을 증언하며 순례자들의 수는 더욱 증가한다. 몽루아얄 성 요셉 성당에서 앙드레 수사에게 치유된 환자들이 목발과 지팡이를 두고 걸어 나간 것과 마찬가지로, 성 안나드보프레 성당에서도 치유의 기적을 경험한 환자들이 두고 간 수많은 보조기구를 볼 수 있다.

성 안나 축일인 7월 26일이 되면 수천 명의 순례자가 성당에 모이며, 1934년의 축일에는 장마리로드리그 빌뇌브 추기경Jean-Marie-Rodrigue Villeneuve(1883-1947)의 취임식이 거행되기도 했다.

웬다케

휴런웬다트족 원주민 보류지

웬다케Wendake는 퀘벡시 북쪽에 위치하고 있는 휴런웬다트족Huron-Wendat 원주민 보류지다. 퀘벡에는 25개의 원주민 부족과 30개의 원주민 보류지가 있는데 대부분 도심에서 멀리 떨어져 있다. 하지만 웬다케는 도심에 위치한 보류지다. 웬다케는 웬다케 7과 웬다케 7A, 두 지역을 통합하는 명칭이다.

웬다케 광장의 모습

웬다케는 일곱 가문 족장들과 대족장으로 이루어진 족장위원회가 통치하는데, 놀이방, 유치원, 초등학교 등의 교육 서비스, 보건센터, 경찰서와 같은 보건과 보안 서비스를 주민들에게 제공한다. 한편 웬다케는 도심에 위치한 지리적 이점을 이용한 다양한 관광 상품을 개발 운영하여 매년 25만 명 이상의 관광객을 유치하고 있다. 웬다케는 캐나다에서 지속적으로 발전하고 번창하는 몇 개 되지 않는 보류지 중 하나다.

웬다케 관광

웬다케에는 캐나다 원주민 역사와 문화를 이해하고 체험할 수 있는 다양한 프로그램을 운영하고 있다. 특히 매년 6월 마지막 주말, 혹은 7월 첫째 주말에 파우와우Pow wow 축제를 거행한다. 2022년에는 7월 1일에서 3일까지 거행되는데 자세한 일정과 행사는 원주민관광사무소 홈페이지 (https://tourismeautochtone.com/quoi-faire/pow-wow-international-de-wendake) 에 나와 있다.

파우와우 축제는 원주민 연례축제이다. 전통적으로 아메리카 원주민들은 파우와우 축제를 통하여 함께 노래 부르고 춤추면서 주변 부족민들과의 우정을 다져왔다. 웬다케 파우와우 축제는 캐나다에서 가장 유명한 원주민 축제로서 원주민 전통 댄스 체험, 북 연주 경연대회, 원주민 복장 대회, 전통 놀이와 음식 체험, 수공예품 판매 키오스크 등이 열린다. 매년 이 기간 동안 20,000여 명의 관광객이 웬다케를 찾아온다. 파우와우 축제 외에도 웬다케에는 원주민 생활과 문화를 체험할 수 있는 다양한 프로그램과 이벤트들이 원주민 박물관 호텔Hôtel-Musée Premières Nations을 중심으로 매일 진행되고 있다.

파우와우 축제의 한 장면

휴런웬다트족 역사

웬다케의 주민인 휴런웬다트족은 생로랑강부터 온타리오 호수에 이르는 지역에 거주하던 종족이다. 원주민 부족들 사이에서 이들은 웬다족이라고 불렸으나, 프랑스인들이 그들의 머리 장식이 멧돼지 머리 모양과 유사하다고 하여 '멧돼지 머리'를 의미하는 단어 'hure'를 사용해서 그들을 부른 데서 종족 명칭이 유래했다. 사실 프랑스어로는 '위롱Hurons'이나 국제적으로 통용되는 영어식 발음으로 통일해서 '휴런'으로 표기한다.

1600년대 초 프랑스인들이 처음으로 휴런웬다트족과 접촉하기 시작하였을 때 그들은 웬다케라고 부르는 약 880km²에 이르는 영토를 갖고 있었다. 그들은 18-25개의 마을에 나뉘어 살고 있었고 일부 마을 주민은 3,500여 명에 달했는데, 평균 인구밀도가 km²당 23명을 기록할 정도로 번성했다. 그들은 늦가을과 겨울에는 사냥을 했지만, 주로 옥수수, 호박, 강낭콩 화경(火耕) 농사와 낚시를 통하여 생계를 유지했다. 휴런웬다트족은 매 10~15년마다 땔감이 고갈되어 더 이상 농사를 지을 수 없게 되면 다른 곳으로 이주했다.

휴런웬다트족은 1609년 이로쿼이 연맹 부족 중의 하나인 모호크족에 대한 기습에 동참한 후 알곤킨족과 몽타녜족이 프랑스인들과 맺은 상업과 군사 동맹에 합류했다. 프랑스인들과 무역 거래를 활성화하고 군사적 도움을 받기 위해 휴런웬다트족은 마을에 프랑스 선교 사제들이 상주하는 것을 승인했다. 그러나 불행하게도 프랑스와의 동맹은 사실상 휴런웬다트족에 대한 프랑스의 식민화의 시발점이 되었다. 이 동맹으로 인하여 프랑스군은 휴런웬다트족 마을에 상주하게 되었을 뿐 아니라 제일 많은 모피를 제공하는 휴런웬다트족과 독점적으로 교역하게 되었다. 결국 휴런웬다트족은 군사적, 경제적, 정신적으로 프랑스에 점점 의존하게 되었다. 휴런웬다트족 마을에는 군인들뿐 아니라 가톨릭 사제들도 상주하면서 그들을 개종하는 데 주력했다. 아울러 프랑스인들은 기독교 원주민과 비기독교 원주민에 대해 차별적인 정책을 시행했다. 개종 여부에 따라 모피 가격을 2배나 차이 나게 지불했으며, 개종한 인디언에게만 제한적으로 무기를 팔았던 것이다. 이는 휴런웬다트족의 패망을 앞당기는 결과를 낳았다. 이들은 프랑스인들과 함께 생활함으로써 다른 부족들보다 더 전염병에 노출되었으며, 네덜란드 무역상들로부터 자유롭게 무기를 구입할 수 있던 이로쿼이족에 비하여 군사적으로 열세에 놓이게 되었다.

    1640년대 중반에 전염병이 창궐하여 휴런웬다트족의 인구는 절대적으로 감소했다. 1640년대 후반에 이로쿼이 연맹과 반연맹 사이에서 격렬하게 벌어졌던 원주민 전쟁에서 패배한 휴런웬다트족 중 3,000여 명은 이로쿼이족에 흡수되었다. 반면에 기독교로 개종한 휴런웬다트족 1,000여 명은 예수교 사제들을 따라 조지아만에 있는 기독교 섬으로 도주했으나 기근과 추위로 인하여 300여 명만 살아남았다. 1650년대 후반 이로쿼이 연맹과 평화협정을 맺을 때 프랑스는 이로쿼이족으로 부터 휴런웬다트족의 흡수를 요청받았다. 프랑스가 휴런웬다트족에게 이를 강요하자 그들 중 일부는 이로쿼이 연맹의 모호크족에게 들어가고, 다른 일부는 이를 거부한 채 로레트Lorette(현재의 웬다케)로 이주했다. 현재 웬다케 주민들은 바로 이들의 후손이다.

사진출처

– 다음에 표기되지 않은 모든 사진들은 책의 저자들 소유입니다.

p.13 캐나다 지도
https://d-maps.com/carte.php?num_car=15116&lang=fr

p. 19 붓꽃
https://commons.wikimedia.org/wiki/File:Iris_versicolor_quebec_1.jpg

p. 20 흰올빼미
David Syzdek, CC BY-SA 2.0, via Wikimedia Commons

p. 83 몬트리올 항구 과거 사진
Par Maxim Pouska, CC BY-SA 4.0, via Wikimedia Commons

p. 87 FIVE ROSES 네온사인
Par Pascal Normand, CC BY-SA 4.0, via Wikimedia Commons

p. 88 몬트리올 시청
Pymouss, CC BY-SA 4.0, via Wikimedia Commons

p. 89 몬트리올시의 깃발
Public domain, via Wikimedia Commons

p. 91 왕의 길 표지
Transports Québec, Public domain, via Wikimedia Commons

p. 92 드골 장군
Par Ministry of Information Photo Division Photographer, Domaine public, via Wikimedia Commons

p. 94 몬트리올 노트르담 성당
Par Diego Delso, CC BY-SA 4.0, via Wikimedia Commons

p. 119 다음 세대를 위하여
Robert Daudelin, Public domain, via Wikimedia Commons

p. 157 1920년대 생드니 극장
Canadian Centre for Architecture, Public domain, via Wikimedia Commons

p. 167 1920년대 로비야르 빌딩
Unknown. Public domain, via Wikimedia Commons

p. 168 위메토 스코프
Unknown, Public domain, via Wikimedia Commons

p. 175 장 탈롱의 초상
Claude François, Public domain, via Wikimedia Commons

p. 191 가브리엘 루아
Conrad Poirier, Public domain, via Wikimedia Commons

p. 200 UQAM과 생자크 성당
Jeangagnon, CC BY-SA 3.0, via Wikimedia Commons

p. 202 모데카이 리클러 도서관
Par Jeangagnon, CC BY-SA 3.0, via Wikimedia Commons

p. 204 한국순교성인 성당
Thomas1313, CC BY-SA 3.0, via Wikimedia Commons

p. 206 퀘벡 구시가지 약도
Gilbertus, CC BY-SA 3.0, via Wikimedia Commons

p. 214 퀘벡 노트르담 대성당
Par Judicieux, CC BY-SA 4.0, via Wikimedia Commons

p. 216 라발 주교의 무덤
Par Jeangagnon, CC BY-SA 3.0, via Wikimedia Commons

p. 217 노트르담 대성당 성문 외부
Par Jeangagnon, CC BY-SA 3.0, via Wikimedia Commons

p. 217 노트르담 대성당 성문 내부
Par Jeangagnon, CC BY-SA 3.0, via Wikimedia Commons

p. 229 고속도로 교각의 벽화
Par David Wilson, CC BY 2.0, via Wikimedia Commons

p. 243 성 안나드보프레 성당
Par Wilfredor, CC0, via Wikimedia Commons

p. 245 성당 외부의 성 안나 동상
By Selbymay, CC BY-SA 3.0, via Wikimedia Commons

p. 245 성당 내부의 성 안나 동상
Par Pierre André, CC BY-SA 4.0, via Wikimedia Commons

p. 247 웬다케 광장
By Pierre-Olivier Fortin, CC BY-SA 3.0, via Wikimedia Commons

p. 248 파우와우 축제
Marc-Lautenbacher, CC BY-SA 4.0, via Wikimedia Commons

저자 약력(가나다 순)

고혜선

서울대학교 불어불문학과에서 빌리에 드 릴아당의 환상문학 연구로 박사학위를 받았고, 캐나다 퀘벡의 맥길 대학교에서 미셸 트랑블레의 환상문학 연구로 박사 과정을 수료했다. 옮긴 책으로 빌리에 드 릴아당의 『잔혹한 이야기』, 『미래의 이브』, 미셸 트랑블레의 『옆집 뚱보 아줌마가 임신했대요』 등이 있고, 지은 책으로 『키워드로 풀어보는 퀘벡 이야기』(공저)가 있다. 현재 몬트리올 세종학당에서 한국어를 가르치면서 번역가로 활동하고 있다.

김중현

한국외국어대학교 프랑스어과를 졸업하고 프랑스 낭시 2 대학교에서 발자크 연구로 박사학위를 받았다. 현재 공주대학교 불어불문학과 교수로 재직 중이다. 지은 책으로는 『프랑스문학과 오리엔탈리즘』, 『루소가 권하는 인간다운 삶』 등이 있으며, 옮긴 책으로는 『에밀』, 『신엘로이즈』 등이 있다.

노 란

성균관대학교 프랑스어문학과를 졸업하고 동 대학원에서 밀란 쿤데라 연구로 석사 및 박사 학위를 받았다. 현재 성균관대학교 프랑스어권문화융합연구소 선임연구원으로 재직 중이다. 주요 논문으로 「밀란 쿤데라의 소설 세계에서 『무의미의 축제』가 가진 의미에 대한 고찰」, 「밀란 쿤데라의 그로테스크 이미지 - 『농담』과 『무의미의 축제』를 중심으로」, 「이야기로 살아남기 : 크리스티앙 게폴리캥의 소설 속 이야기꾼의 의미」가 있으며, 현재 퀘벡 현대문학을 연구하고 있다.

박희태

성균관대학교 불어불문학과를 졸업하고 프랑스 몽펠리에 3 대학에서 영화학으로 박사학위를 받았다. 현재 성균관대학교 문과대학 조교수로 재직 중이며, 한국퀘벡학회 부회장으로 활동 중이다. 주요 저서로 ⟨Les variations Hong Sang-soo⟩(공저)가 있으며 주요 논문으로 ⟨3D 영화와 완전영화를 향한 꿈⟩ 등이 있고, ⟨다큐멘터리란 무엇인가? 다큐멘터리와 그 아류들⟩(공역) 등을 번역하였다. 프랑스 및 프랑스어권 영화와 다큐멘터리에 관심을 가지고 연구 중이다.

윤철기

서울대학교 불어불문학과를 졸업하고 몬트리올퀘벡 대학교에서 이주자들의 정치참여에 대한 연구로 커뮤니케이션 박사학위를 취득했다. 몬트리올 대학교 사회학과에서 박사후연구원으로 코비드 위기에서의 불안정 노동자들의 대응에 대해 연구했다. 현재는 맥길 대학교 사회복지학과에서 박사후연구원으로 이주 노동에 대한 중개인들의 영향에 관한 연구를 수행하면서 맥길 대학과 콩코르디아 대학에서 강의를 하고 있다.

이용철

서울대학교 불어불문학과를 졸업하고 동 대학원에서 석사 및 박사 학위를 받았다. 방송통신대학교 프랑스언어문화학과 교수로 재직 중이다. 루소와 몽테뉴에 관한 일련의 논문을 발표하였고, 루소의 『에밀』과 『고백록』 등을 번역하였다. 학부와 대학원에서 퀘벡의 역사와 문화를 강의하고 있다.

이인숙

한양대학교 불어불문학과를 졸업하고 프랑스 프로방스대학에서 알베르 카뮈 연구로 박사학위를 받았다. 현재 한양대학교 프랑스학과 교수로 재직 중이다. 주요논문으로 「자비에 돌란의 영화에 나타난 공간 연구」, 「현대 퀘벡영화에 나타난 탈-가족 소설」 등이 있다. 서정인의 『달궁』의 프랑스어 번역으로 대산문학상을 수상했다. 한국퀘벡학회 회장을 역임했다.

이채영

성신여자대학교 불어불문학과와 동 대학원을 졸업하고 프랑스 파리4대학에서 프랑스 문학과 문화학 박사 학위를 받았다. 현재 성신여자대학교 프랑스어문·문화학과 조교수로 재직 중이다. 프랑스 문화사에 관심을 가지고 문학과 문화 관련 연구를 주로 하고 있다. 퀘벡학 연구모임을 통해 퀘벡 연구로 관심 분야를 넓히고 있으며, 「퀘벡인의 정체성 인식 양상」(공동논문), 『키워드로 풀어보는 퀘벡 이야기』(공저)가 있다.

한용택

서울대학교 불어교육과를 졸업하고 앙드레 말로의 소설 서사에 관한 연구로 프랑스 디종 대학교에서 석사, 부르고뉴 대학교에서 박사 학위를 받았다. 건국대학교 연구교수, 경기대학교 초빙교수, 한국퀘벡학회장을 지냈고 현재 경기대에서 강의를 하고 있다. 퀘벡과 관련된 저서들(공저)이 있고, 밀란 쿤데라의 『만남』을 번역했다. 다문화교육, 서사, 퀘벡의 민담 등이 주요 관심 분야다.

퀘벡의 장소들
몬트리올과 퀘벡의 장소와 이야기
Lieux du Québec et leurs histoires - Montréal et Québec

초판 1쇄 발행일 2022년 7월 1일
지은이 퀘벡학 연구모임
펴낸이 한용택
펴낸곳 어제오늘내일

출판신고 제 2022-000008호
주소 경기도 군포시 수리산로 40, 815-1001
전화 070-8095-3109
이메일 h_a_d@naver.com
인쇄·제작 안북스
ISBN 979-11-979107-1-5

한국어판 저작권(c) 퀘벡학연구모임, 2022.7월

이 책은 저작권법에 따라 보호받는 저작물이므로 무단전재와 복제를 금지하며, 이 책 내용의 전부 또는 일부를 이용하려면 반드시 저작권자와 퀘벡학연구모임의 서면동의를 받아야 합니다. 이 도서의 국립중앙도서관 출판시도서목록(CIP)은 e-CIP홈페이지(http://nl.go.kr/ecip)와 국가자료공동목록시스템(http://nl.go.kr/kolisnet)에서 이용하실 수 있습니다.

* 책값은 뒤표지에 있습니다.
* 잘못된 책은 구입하신 곳에서 바꾸어 드립니다.

Québec
대한민국 속의 퀘벡

North America / Canada / **Québec**
Québec.ca/seoul

퀘벡, 해외에 독자적 대표부 설치

헌법이 인정한 특정 분야에서 독자적인 권한을 인정받고 있는 퀘벡은 캐나다 연방내에서 보장된 권한을 확대해 국제적인 활동을 하고 있습니다. 따라서 경제 개발, 문화, 보건, 교육, 농업, 환경, 천연 자원, 이민 등의 분야를 주관하는 대표부를 해외에 설치하여 외국 정부들과 7백 개가 넘는 협정을 체결하였습니다.

1991년 서울에 설치된 주한 퀘벡정부 대표부는 경제, 혁신, 투자 유치 뿐만 아니라 교육, 문화 등 퀘벡정부와 관련한 모든 분야에서 홍보 및 유관 기관과의 교류에 기여하고 있습니다.

Autonome dans les domaines relevant de sa compétence constitutionnelle, le Québec inscrit son action internationale dans le prolongement de ses pouvoirs au sein de la fédération canadienne. Ainsi, le développement économique, la culture, la santé, l'éducation, l'agriculture, l'environnement, les ressources naturelles et l'immigration sont autant de domaines pour lesquels il présente directement au monde ses choix de société particuliers et a déjà conclu plus de 700 ententes internationales avec des gouvernements étrangers.

Inauguré en 1991, le Bureau du Québec à Séoul exerce un mandat principalement économique, incluant la recherche, l'innovation et les investissements directs étrangers, en plus d'assurer la promotion du Québec et la coordination des relations institutionnelles, éducatives et culturelles en Corée du Sud. Communiquez avec nous!

주한퀘벡정부 대표부
✉ qc.seoul@mri.gouv.qc.ca
f www.facebook.com/QuebecSeoul
🌐 www.international.gouv.qc.ca/ko/seoul

Québec 🏛️